ハッピー ベビーウェア

月居良子

文化出版局

JN108420

1

1 ケープ 50〜70サイズ

退院のときやお宮参りなど、赤ちゃんの特別なおでかけのときに着せたいケープ。
スカラップのレース地にリボンを添えて豪華な雰囲気に仕立てました。

how to make **1** → p.34

contents

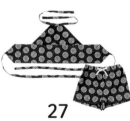

28
ロンパース
p.18／p.62

29
ハット
p.18／p.75

30
ロンパース
p.18／p.64

31
キャップ
p.18／p.51

32
ジャンパースカート
p.19／p.66

33
バルーンパンツ
p.19／p.72

34
オーバーオール
p.19／p.67

35
リュックとハット
p.19／p.68

36
ハット
p.19／p.68

37
長袖スモックと
バルーンパンツ
p.20／p.70

38
半袖スモックと
バルーンパンツ
p.20／p.70

39
キャップ
p.21／p.51

40
ハット
p.21／p.75

41-a
カバーオール
p.21／p.74

41-b
カバーオール
p.21／p.74

42-a
ワンピース
p.22／p.76

42-b
ワンピース
p.23／p.76

43-a
エプロン
p.24／p.78

43-b
エプロン
p.24／p.78

44
半袖シャツ
p.25／p.80

45
ハーフパンツ
p.25／p.82

46
パンツ
p.25／p.82

47
星のスリーパー
p.26／p.73

48
くまのスリーパー
p.26／p.73

49
ハロウィンのベスト
p.27／p.84

50
クリスマスのベスト
p.27／p.84

51
うさぎのベスト
p.27／p.84

52
ひよこのベスト
p.27／p.84

53
お食事スモック
p.28／p.86

54
お食事エプロン
p.28／p.86

55
お食事エプロン
p.28／p.86

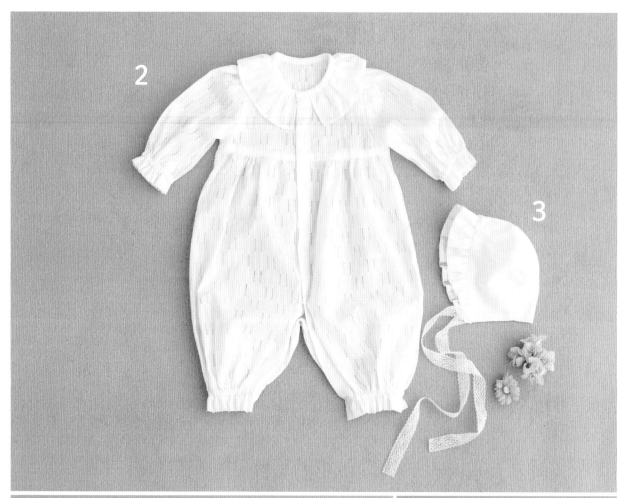

2 2wayベビードレス　　3 ボンネット　50〜70サイズ

スナップのとめ方でパンツにもなる2wayドレス。ボンネットも同じ布で作ればすてきなおでかけ着に。
p.1のケープともよく合います。

how to make　**2** → p.36　**3** → p.38

4 ロングベストとファーストシューズ　50〜70サイズ

肩や背中が暖かいベストは赤ちゃんの必須アイテム。上質なキルティングで足先まですっぽり隠れる
ロングベストを作りました。スリーパーとしても便利。ファーストシューズも作ってプレゼントにも。

how to make　4 → p.39

5

6

5, 6 ベビードレス 50〜70サイズ

衿ぐり、袖山、切替えにフリルをふんだんにあしらったベビードレス。丈の長いほうはお披露目ドレスに。
スカートの着丈が短いほうはふだん着にどうぞ。着られなくなったらスカートにリメイクしてもいいですね。

how to make　**5, 6** → p.40

7 ボンネット **8** スタイ 50〜70サイズ

ベビードレスとおそろいのボンネットでおしゃれなお披露目セットに。ボンネットはブルーのサテンリボンを結びます。
ガーゼのスタイはワンタッチでとめはずしができます。周囲のステッチとワンポイントは手仕事で。

how to make **7** → p.38　**8** → p.43

9

10

9 ベビードレス　　10 スタイ　50〜70サイズ

リボンの刺繍がかわいいコットンで、こちらは小さな衿をつけたアレンジ。
スクエアのスタイをつけてドレスアップ。布の模様と同じワンポイント刺繍をさり気なく。

how to make　**9** → p.42　**10** → p.43

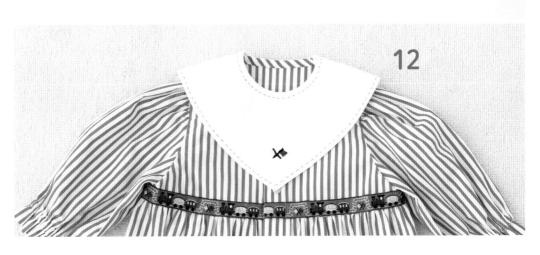

11 ベビードレス　　**12** スタイ　50〜70サイズ

切替えとスカートにチロリアンテープをつけてみました。
衿なしのデザインなので、スタイが替え衿みたいでおしゃれでしょう？　男女児どちらでもOKです。

how to make　**11** → p.42　**12** → p.43

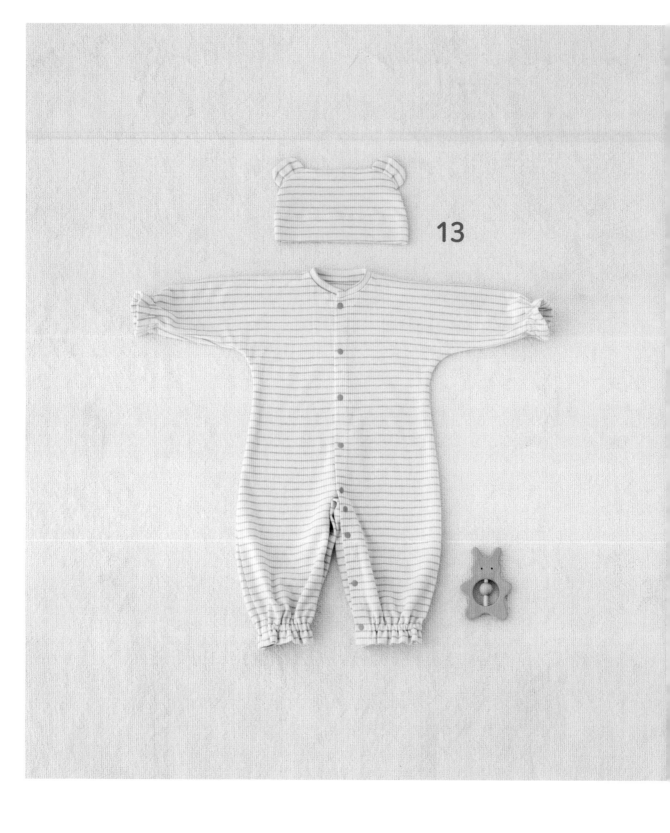

13 2wayカバーオールと帽子　　**14** おくるみとベスト　50〜70サイズ

ジャージーで作るカバーオールはスカートにもなる2wayタイプ。帽子とセットでいかが。
赤ちゃんを包むおくるみは、タオル地のキルティングで作りました。余りでベストも作れます。

how to make　**13** → p.44　**14** → p.46

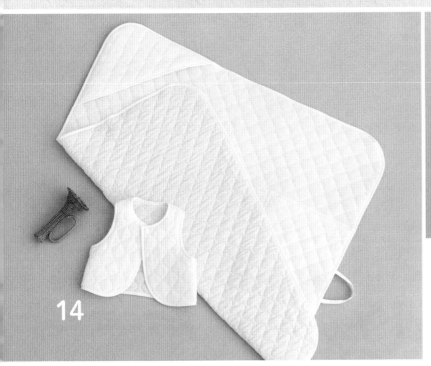

おくるみはたたむとバッグ状に。
おねんねしても、プレイマットとしても
大活躍。おむつ交換のときにも。

14

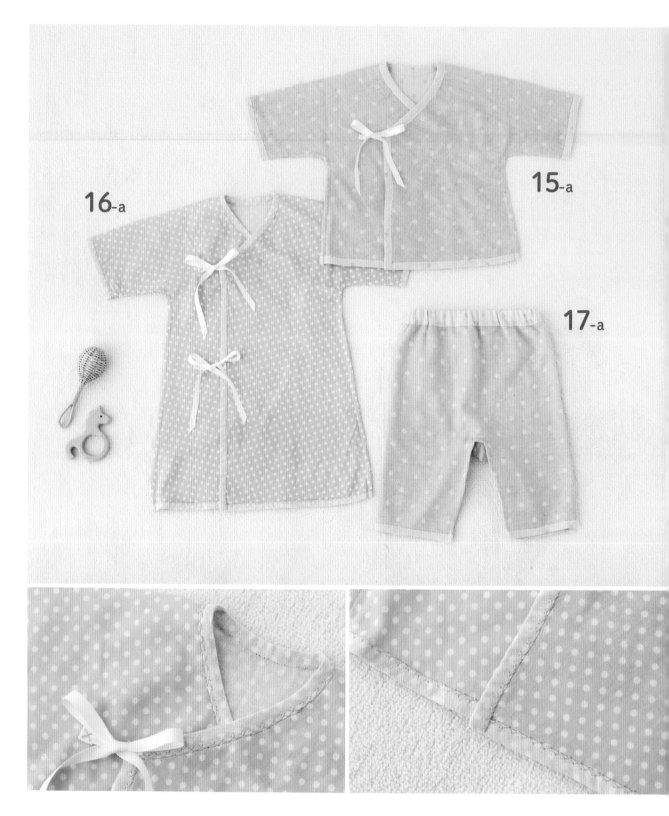

15-a 短肌着
16-a 長肌着　　**17-a パンツ**　50〜70サイズ

赤ちゃんの肌に直接触れるから肌着は安心な素材にしたいもの。これはオーガニックコットンのダブルガーゼで作りました。
長肌着は短肌着の丈をのばしただけ。すべて手縫いで作れます。

how to make　**15-a** → p.48　**16-a** → p.49　**17-a** → p.50

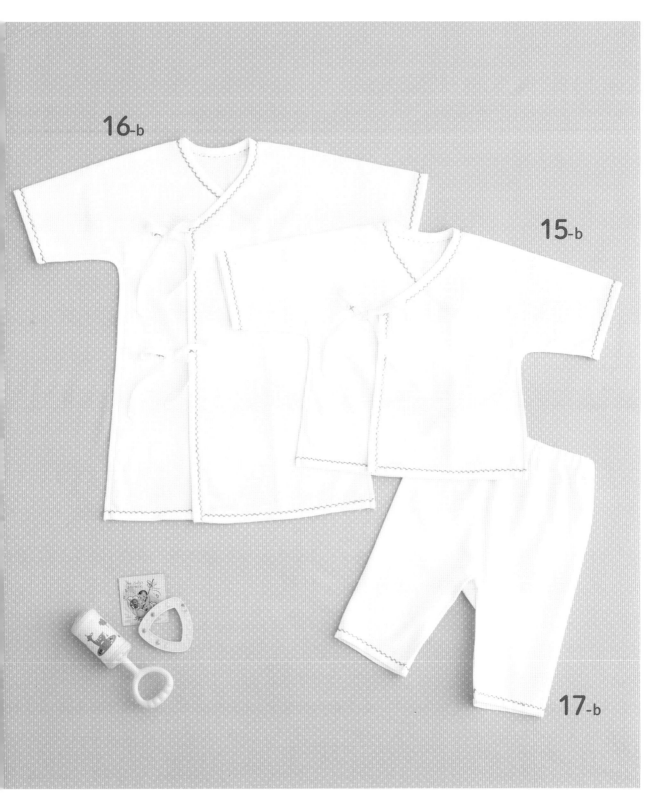

15-b ネルの短肌着
16-b ネルの長肌着　　　**17-b** ネルのパンツ　50〜70サイズ

こちらは3点ともネルで作りました。ネルは密に織られていて表面が少し毛羽立っているのが特徴の、
保温性に優れたコットン地。保湿効果もあるので寒い季節の肌着の素材として最適で、昔から愛用されています。

how to make　　**15-b** → p.48　　**16-b** → p.49　　**17-b** → p.50

18 カバーオール
19 ベスト　　**20** スタイ　70、75、80サイズ

毎日着せたいジャージーのウェア。シンプルなカバーオールは花びらみたいな衿がアクセント。
袖つけがないから簡単です。ベストとスタイは表裏どちらも使えるリバーシブル仕立てです。

how to make　**18** → p.52　**19** → p.54　**20** → p.55

21 カバーオール　　**22** スタイ
23 カーディガン　　**24** パンツ　70、75、80サイズ

こちらもすべてジャージーで作りました。カバーオールはスポーティなベースボールカラーに。
カーディガンとパンツは何枚も作りたいシンプルな形。スタイは、裏面は白地に水玉のリバーシブルです。

how to make　**21** → p.52　**22** → p.55　**23** → p.56　**24** → p.57

25 じんべえとバルーンパンツ　　26 袖なしじんべえとパンツ　70〜80サイズ

夏に着せたいじんべえのセットは手ぬぐい2枚で作れます。吸水性が抜群なのが汗っかきの赤ちゃんにぴったり。
かわいい柄がたくさんあるので、まずは手ぬぐい探しからはじめましょう。袖あり、袖なしはお好みで。

how to make　**25** → p.58　**26** → p.60

27

27 はらがけとパンツ　70〜80サイズ

こちらも手ぬぐい2枚で作れるセット。お祭りなど真夏に着せてあげたいですね。
はらがけはひもで調整できるので、3歳くらいまで着られます。手縫いでも作れますよ。

how to make　**27** → p.61

28 29 30 31

28, 30 ロンパース 70、75サイズ
29 ハット　　　**31 キャップ**　頭回り S=50、M=52

上下続きでおなかが出ないロンパースは、どんなにあばれても大丈夫。
肩あきで股下にもあきがあるので脱ぎ着がラクです。外遊びに必須の帽子もおそろいがかわいい。

how to make　**28** → p.62　**29** → p.75　**30** → p.64　**31** → p.51

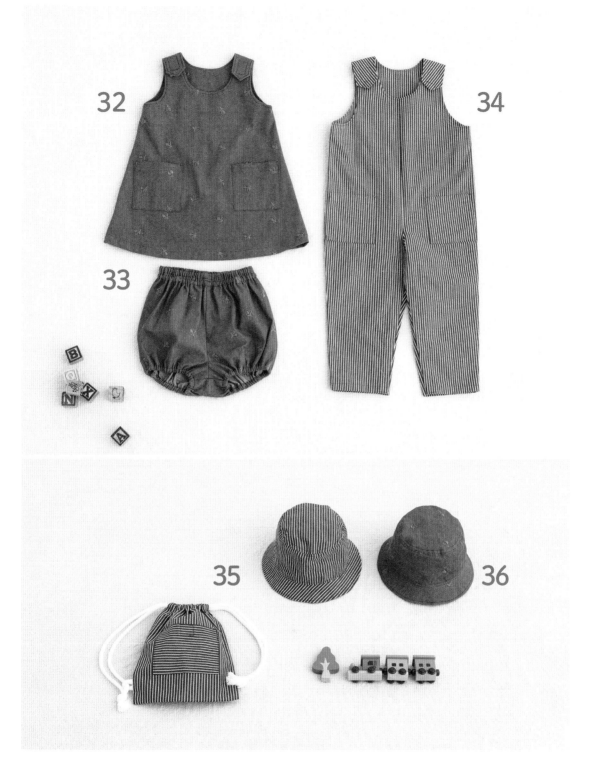

32 ジャンパースカート　75、80、90サイズ　　　　**33** バルーンパンツ　75、80、90サイズ

34 オーバーオール　75、80、90サイズ

35 リュックとハット　　　　**36** ハット　頭回り S=50、M=52

肩あきのジャンパースカートとオーバーオール。少し厚手のコットンで作ると一年中着られます。
リュックはおやつや紙おむつを入れるのにぴったり。ハットもおそろいでお出かけセットの完成です。

how to make　**32** → p.66　**33** → p.72　**34** → p.67　**35** → p.68　**36** → p.68

37

38

37, 38 スモックとバルーンパンツ　75、80、90サイズ

長袖のスモックは、食事用エプロンに、遊び着にと大活躍。ラグラン袖のシンプルな形です。
2種類の布使いでバルーンパンツとセットにしました。半袖にすれば夏にぴったり。女の子はフリルつきです。

how to make　**37**（長袖）**, 38**（半袖）→ p.70　　**37, 38**（バルーンパンツ）→ p.72

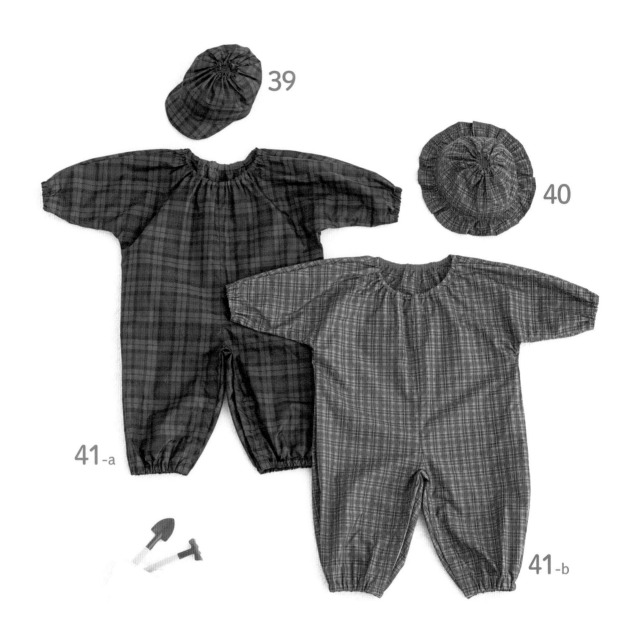

39 キャップ　　　**40 ハット**　頭回りS=50、M=52
41-a，41-b カバーオール　80、90サイズ

公園の遊び場の中でも、赤ちゃんはお砂場がいちばんのお気に入りかな。
服の上に着せれば、手首、足首がキュッと締まって砂が入りません。
撥水加工のナイロン地で作ったのでレインウェアとしても。帽子もおそろいにしたら、雨の日でもはりきって出かけそう。

how to make　**39 →** p.51　**40 →** p.75　**41-a, b →** p.74

42-a

42-a ワンピース 75、80、90サイズ

小さな衿と袖。切替えにはたっぷりのギャザー。女の子に着せたい、永遠の定番の憧れワンピース。
リバティプリントで作って特別な日のよそいきに。

how to make　**42-a** → p.76

42-b

42-b ワンピース 75、80、90サイズ

こちらは綿ストライプで作りました。ブルー系の布で作ってもこんなに可憐。
パフスリーブが愛らしく、赤ちゃんにきちんとした服を着せたい場面で重宝します。

how to make **42-b** → p.76

43-a, 43-b エプロン　75、80、90サイズ

クラシカルな雰囲気のエプロンは、かわいいだけでなく、
食事のときにとっておきのワンピースを汚さないお役立ちアイテム。
ブルーの布で、Tシャツやデニムに合わせたふだん着コーデもおすすめです。

how to make　**43-a, b** → p.78

44 半袖シャツ　　　**45** ハーフパンツ　　　**46** パンツ　　75、80、90サイズ

シンプルなシャツやパンツは、改まった場面で着せられるので、作っておくといざというときにあわてません。
シャツは自分で服を着たいと自我が出はじめるころのためにボタンどめにしました。
パンツはゴム仕様なので脱ぎ着がラクです。

how to make　　**44** → p.80　　**45, 46** → p.82

47 星のスリーパー　　48 くまのスリーパー　50〜75サイズくらい

赤ちゃんがすっぽり入る寝袋。大の字で寝ても手先、足先が出ないから暖かさ抜群。
フリースで作れば防寒用の寝具としても使えます。
そのままでシンプルなお星さま。耳と顔のアップリケをつければくまさんになります。

how to make　**47, 48** → p.73

49 ハロウィンのベスト　　**50** クリスマスのベスト
51 うさぎのベスト　　**52** ひよこのベスト　　80、90サイズ

そのままで充分かわいい赤ちゃんに、こんなコスプレベストを着せたらかわいさ倍増！
すべて同型でトッピングを変えればいろいろなイベント向けに。
フリースやボアで作ると暖かいので、寒い季節の防寒着にもなります。

how to make　**49, 50, 51, 52** → p.84

53 お食事スモック　　80、90サイズ

54 お食事エプロン　　**55** お食事エプロン　　80〜90サイズ

ビニールコーティングで作ったので、汚れをサッと拭けるお食事エプロン。
裾を折れば食べこぼしのポケットになります。
スタイと袖つきのタイプ、布を替えて何枚か作っておくといいですね。

how to make　**53, 54, 55** → p.86

ソーイングの基本テクニック

赤ちゃん服を作るための基本的な縫い方を、やさしくアドバイスします。

プラスナップ、プラスナップ スリム、卓上プレス、スナップパッキン、テープスナップ／清原　目打ち、まち針、刺しゅう針、裁ちばさみ／クロバー

プラスナップのつけ方（前あきの場合）

「プラスナップ」（左）はつけはずしがしやすいボタン。この本では、前あきのほかに股下のあきに使用。おむつ替えが楽に。右は手でつけられる「プラスナップ スリム」。

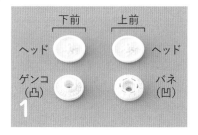

左の2つが下前用で上はヘッド、下はゲンコ。右の2つが上前用で上はヘッド、下がバネ。

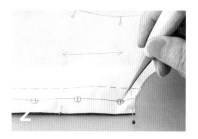

パターンを当てて、プラスナップつけ位置に目打ちで穴をあけ、印をつける。

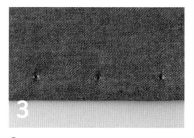

2でつけた印。この穴をたよりにプラスナップをつける。

まず、下前のプラスナップをつける。**3**の穴に布の下（裏側）からヘッドを差し込む。

4の上にゲンコを合わせる。

プラスナップ専用「卓上プレス」。プラスナップを固定させるためのプレス機。針や糸が不要で、軽い力で手軽に取りつけられるのが特長。

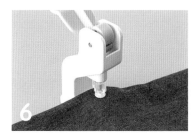

5を卓上プレスにのせる。

レバーを押し下げて取りつける。

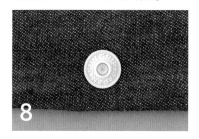

下前のプラスナップがついたところ。

上前のプラスナップも同様につける。上下のプラスナップをとめて、位置や強度を確認する。

薄い生地の場合、「スナップパッキン」をはさんで補強する。

テープスナップのつけ方

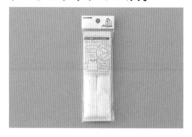

スナップがテープについたもので、テープを縫いつけるだけでOK。長い距離のあきに。

p.15のカバーオールなど、股下のあきが長いときに便利。

1 あきの縫い代を、前パンツは裏側に、後ろパンツは表側にそれぞれ1cm折る。

前パンツ（表）
後ろパンツ（裏）

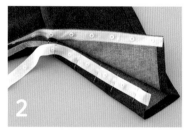

2 前パンツにテープをつける。スナップがあきの中心にくるようにする。前パンツに合わせて後ろパンツの位置を決める。

3 端は1cm折る。

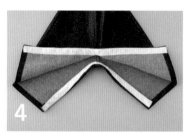

4 股下のあきにテープスナップをつけたところ。

肌着の縫い方　＊「材料」「裁合せ」など詳細は p.48参照。

1 前端と裾の縫い代を、表側に三つ折りにする。

前（表）

千鳥がけ

3出　2入　（表）
1出　5出　4入
（裏）

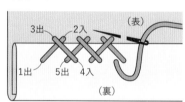

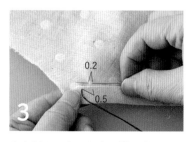

0.2

2 縫い代を千鳥がけで縫いとめる。25番刺繍糸3本どりで縫う。前端の折り山より0.2cmの位置に裏から針を出す。

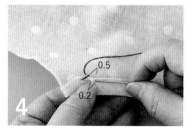

0.2
0.5

3 糸を引く。左から右に縫い進めるので、右上0.5cmの位置の身頃に針を入れ、0.2cmすくって針を出す。

0.5
0.2

4 右下0.5cmの位置の縫い代に針を入れ、0.2cmすくって針を出す。

5 糸を引く。これが千鳥がけ。

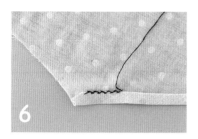

6 2〜5を繰り返し、前端を千鳥がけで縫いとめる。裾も同様に縫う。

7 衿ぐりをバイアス布で始末する。手縫い糸1本どりで縫う。バイアス布を身頃の裏側に当てて折り目の上を並縫いする。

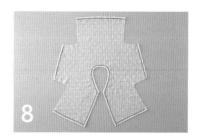

8 バイアス布を表に返し、千鳥がけで縫いとめる。袖口、後ろ裾は前端と同様に縫う。

9 袖下から脇を袋縫いで縫う。中表に合わせて0.5cmの位置を並縫いする。

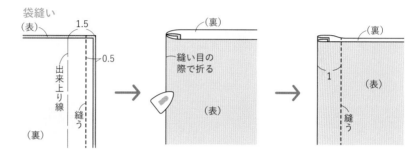

10 右脇は、表から1cmの位置を並縫いする。これで袋縫いの完成。

11 左脇は内側に綿テープをはさむ。

12 右脇と同様、表から1cmの位置を並縫いする。

13 左前の上端に綿テープをつける。1cmの位置を返し縫いする。

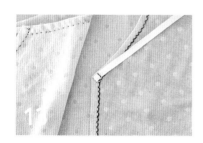

14 テープを折り、糸を十字に2回渡して縫いとめる。右前の上端も同様につける。

15 右前に綿テープを同様につける。出来上り。

バルーンパンツの縫い方 ＊「材料」「裁合せ」など詳細は p.72参照。

アイロン定規を作る。はがき程度の厚紙（20×5cmくらい）に、油性ペンで1cm間隔に平行線を引く。

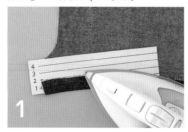

1 裾を三つ折りにする。アイロン定規の2cmの目盛りに合わせてアイロンで折る。

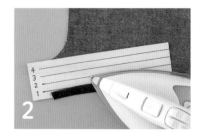

2 そのままの位置で1cmの目盛りに合わせて折る。このように、縫う前にアイロンで折っておくとあとの作業がスムーズ。

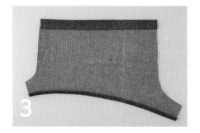

3 ウエストも三つ折りにする。もう1枚も同様に折る。

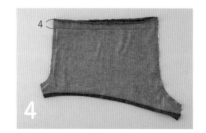

4 2枚を中表に合わせて後ろ股上を縫う。縫い代は2枚一緒にジグザグミシンをかける。前股上はウエストの縫い代を4cm縫い残す。

5 前股上の右側の1枚だけに切込みを入れる。

6 縫い代は割る。ここがゴムテープ通し口になる。

7 6の切込みから下は2枚一緒にジグザグミシンをかけて、左側に倒す。股下を縫う。裾の縫い代を縫い残す。

8 ウエストと同様、前側の1枚だけに切込みを入れる。縫い代を割ってゴムテープ通し口にする。股下にジグザグミシンをかけて後ろ側に倒す。

9 裾を三つ折りにして縫う。

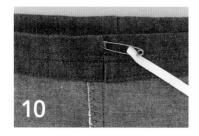

10 ウエストを三つ折りにして、3本ミシンをかける。1cm幅のところにゴムテープを通す。ゴムテープの先に安全ピンをつけると通しやすい。

11 もう1か所にも同様にゴムテープを通す。両端は2cm重ねて縫いとめる。

12 裾にもゴムテープを通す。出来上り。

作りはじめる前に

サイズについて

・この本の作品は、下記のサイズ表を基にしたもので、新生児から24か月ごろまで作れます。
各作品にサイズを表記しましたが、あくまでも目安ですので、赤ちゃんの月齢と身長を参考に
してパターンを選んでください。
・ほどよいゆるみを加えたデザインが多く、赤ちゃんが成長しても1、2年は着せられます。
＊個人差があります。

布について

・この本で使用した布は、ノンホルマリンの管理外です。
・ホルムアルデヒド（ホルマリン）は、しわや縮みを防ぎ、風合いをよくすることから繊維の加
工に用いられますが、赤ちゃんは大人より皮膚の発達が未熟なため、ホルムアルデヒドから守
ってあげることが必要です。
・ホルムアルデヒドは水に溶ける性質があるので、布を「水通し」すれば、ほぼ取り除くことがで
きます。布を裁断する前に必ず「水通し」しましょう。
・この本のほとんどが安心・安全の体に優しい布ですが、「ノンホルマリン」の表記があってもホ
ルムアルデヒドを100％除去することは困難なため、有効な手段「水通し」を必ず行なってくだ
さい。

裁合せと材料について

・布の裁合せはサイズによって配置が異なる場合があります。
まず、すべてのパターンを配置して確認してから布を裁断してください。
・付録の実物大パターンには縫い代がついていません。「裁合せ図」を見て縫い代をつけてくださ
い。
・直線のひもやフリルなどはパターンはありません。ご自分で製図を引いてください。
・共布のバイアス布は、おおよその長さを表記したので、衿ぐりなど使用する部位の寸法をはか
って長さを出してください。余分が出たらカットしてください。
・ゴムテープの長さは各サイズともおおよその長さを表記したので、試着してから長さを決めて
縫いとめてください。

［参考寸法表］ 単位は cm

	バスト	ウエスト	背丈	袖丈
50（新生児）				
60（3か月ごろ）	45	42	18	21
70（6か月ごろ）				
75（12か月ごろ）	47	44	19.5	23.5
80（18か月ごろ）	49	46	21	25
90（24か月ごろ）	53	50	23	28

＊モデルの身長は85cm、87.5cm（撮影時）

1 ケープ 〈50～70サイズ〉 p.1

実物大パターン　A面

[出来上り寸法]
バスト…約60cm　着丈…76cm
[材料]
布［両縁スカラップ・刺繍オーガンジー］
　…146cm幅150cm
サテンリボン…2.5cm幅120cm

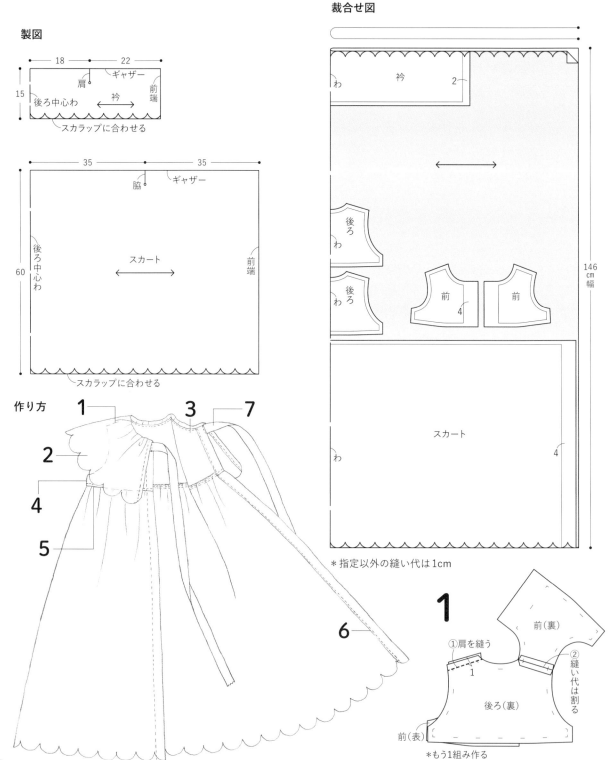

製図

18　22
15
肩　ギャザー
衿
後ろ中心わ　衿　前端
スカラップに合わせる

35　35
脇　ギャザー
60
後ろ中心わ　スカート　前端
スカラップに合わせる

作り方

1　3　7
2
4
5
6

裁合せ図

わ　衿　2
後ろ　わ
後ろ　わ
前　4　前
スカート　4
わ

＊指定以外の縫い代は1cm

1

前（裏）
①肩を縫う
1
②縫い代は割る
後ろ（裏）
前（表）
＊もう1組み作る

34

1 表裏身頃の肩をそれぞれ縫い、縫い代は割る (図参照)

2 衿を作り、つける (図参照)

3 衿をはさみ、表身頃と裏身頃を合わせて、まず衿ぐりを縫ってから袖ぐりを縫って表に返す (図参照)

4 表身頃と裏身頃を続けて脇を縫う (図参照)

5 身頃とスカートを縫い合わせる (図参照)

6 前端を三つ折りにして縫う (図参照)

7 リボンをつける (図参照)

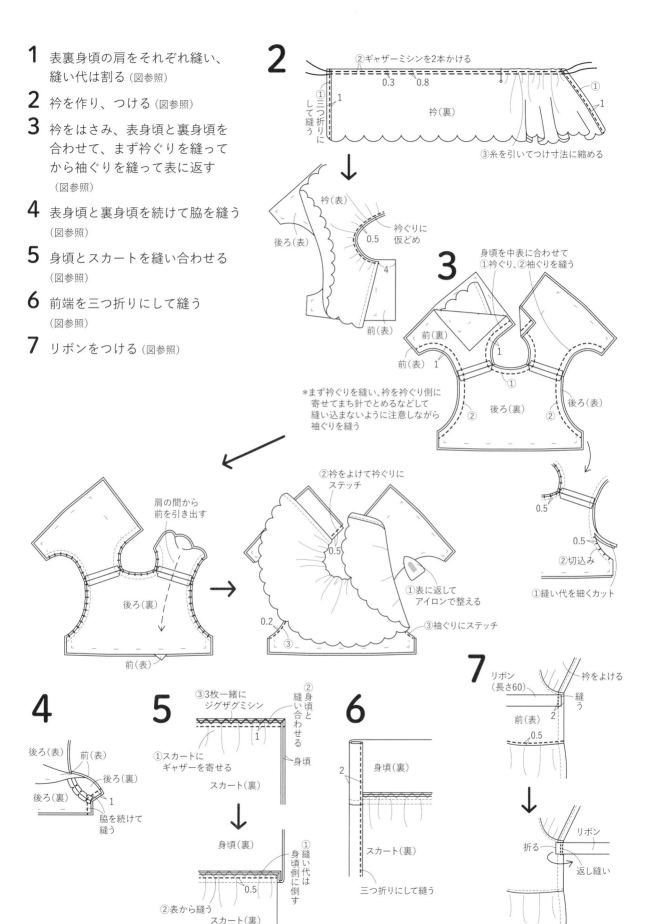

2

②ギャザーミシンを2本かける
0.3　0.8
①三つ折りにして縫う
1
衿(裏)
①
1
③糸を引いてつけ寸法に縮める

衿(表)
後ろ(表)
0.5
衿ぐりに仮どめ
4
前(表)

3
身頃を中表に合わせて①衿ぐり、②袖ぐりを縫う
前(裏)
前(表)　1
①
後ろ(裏)
②
②
後ろ(表)

*まず衿ぐりを縫い、衿を衿ぐり側に寄せてまち針でとめるなどして縫い込まないように注意しながら袖ぐりを縫う

0.5
0.5
②切込み
①縫い代を細くカット

肩の間から前を引き出す
後ろ(裏)
前(表)

②衿をよけて衿ぐりにステッチ
0.5
①表に返してアイロンで整える
③袖ぐりにステッチ
0.2
③

4
後ろ(表)
前(表)
後ろ(裏)
後ろ(裏)
1
脇を続けて縫う

5
③3枚一緒にジグザグミシン
②身頃と縫い合わせる
1
身頃
①スカートにギャザーを寄せる
スカート(裏)
身頃(裏)
①縫い代は身頃側に倒す
0.5
②表から縫う
スカート(裏)

6
身頃(裏)
2
スカート(裏)
三つ折りにして縫う

7
リボン(長さ60)
衿をよける
縫う
前(表)　2
0.5
折る
リボン
返し縫い

35

2 2way ベビードレス

〈50〜70サイズ〉

p.4

実物大パターン **A面**

[出来上り寸法]
バスト…58cm　着丈…58cm
[材料]
布［綿レース地］…110cm幅140cm
プラスナップ…直径9mmを12組み
ゴムテープ…8コールを30cm（袖口分。重なり分2cm含む）
　　　　　　8コールを40cm（裾分）

裁合せ図

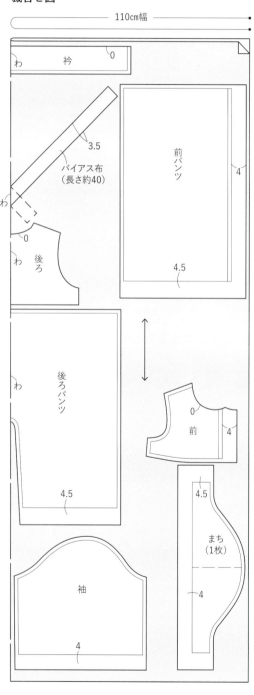

＊指定以外の縫い代は1cm

作り方

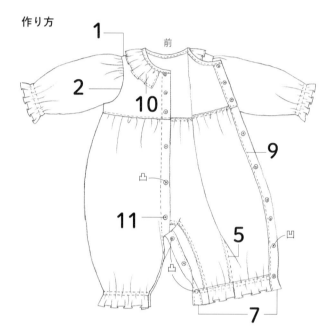

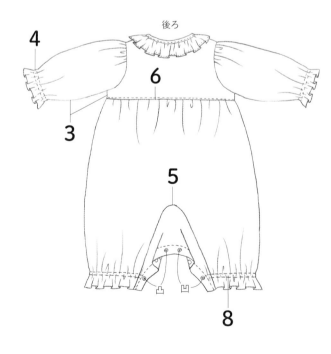

1 肩を縫い、縫い代は後ろ側に倒す（p.79-2参照）

2 袖をつける（図参照）

3 袖下から脇を続けて縫う（図参照）

4 袖口を三つ折りにして縫い、ゴムテープを通す（図参照）

5 後ろパンツとまちを縫い合わせ、パンツの脇を縫う（図参照）

6 身頃とパンツを縫い合わせる（図参照）

7 前端の裾を三つ折りにして裾の角を縫う（図参照）

8 裾を三つ折りにして縫い、ゴムテープを通す（図参照）

9 前端を縫う

10 衿を作ってつけ、衿ぐりをバイアス布でくるむ（図、p.51参照）

11 プラスナップをつける（p.29参照）

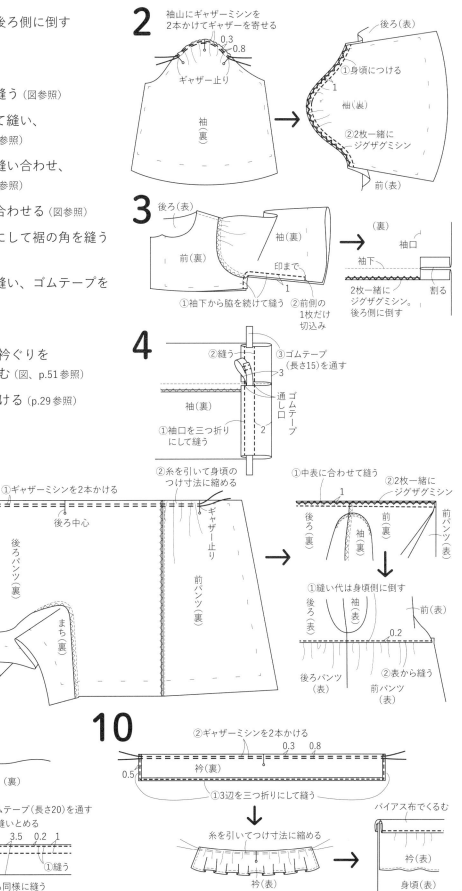

2 袖山にギャザーミシンを2本かけてギャザーを寄せる
0.3
0.8
ギャザー止り
袖（裏）
①身頃につける
袖（裏）
②2枚一緒にジグザグミシン
後ろ（表）
前（表）

3 後ろ（表）
前（裏）
袖（裏）
印まで
①袖下から脇を続けて縫う
②前側の1枚だけ切込み
（裏）
袖口
袖下
割る
2枚一緒にジグザグミシン。後ろ側に倒す

4 ②縫う
③ゴムテープ（長さ15）を通す
3
ゴムテープ
通し口
袖（裏）
①袖口を三つ折りにして縫う
②糸を引いて身頃のつけ寸法に縮める
①中表に合わせて縫う
②2枚一緒にジグザグミシン
後ろ（裏）
袖（裏）
前（裏）
前パンツ（表）
①縫い代は身頃側に倒す
後ろ（表）
袖（表）
前（表）
0.2
後ろパンツ（表）
②表から縫う
前パンツ（表）

5,6
0.3 0.8
①ギャザーミシンを2本かける
ギャザー止り
前パンツ（裏）
後ろ中心
後ろパンツ（裏）
まち（裏）
前パンツ（裏）
ギャザー止り

7 （裏）
2
縫う
1
4.5

8 2
（裏）
②ゴムテープ（長さ20）を通す
③縫いとめる
3.5 0.2 1
①縫う
＊まちの裾も同様に縫う

10 ②ギャザーミシンを2本かける
0.3 0.8
衿（裏）
0.5
①3辺を三つ折りにして縫う
糸を引いてつけ寸法に縮める
衿（表）
バイアス布でくるむ
衿（表）
身頃（表）

3,7 ボンネット〈50〜70サイズ〉
p.4,7

実物大パターン **A面**

［出来上り寸法］
ブリムの端からバックの端まで約26cm
［材料］
布［ 3 は綿レース地、7 はリバティプリント ］
　…110cm幅30cm
3 はレースリボン、7 はサテンリボン
　…1.5cm幅80cm

裁合せ図

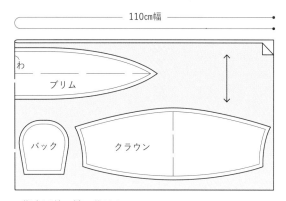

わ

ブリム

バック

クラウン

110cm幅

* 指定以外の縫い代は1cm

1 ブリムを作る (図参照)

2 表クラウンにブリムを仮どめして
クラウンとバックを縫い合わせる(図参照)

3 2枚を中表に合わせて縫う (図参照)

4 リボンをつける (図参照)

作り方

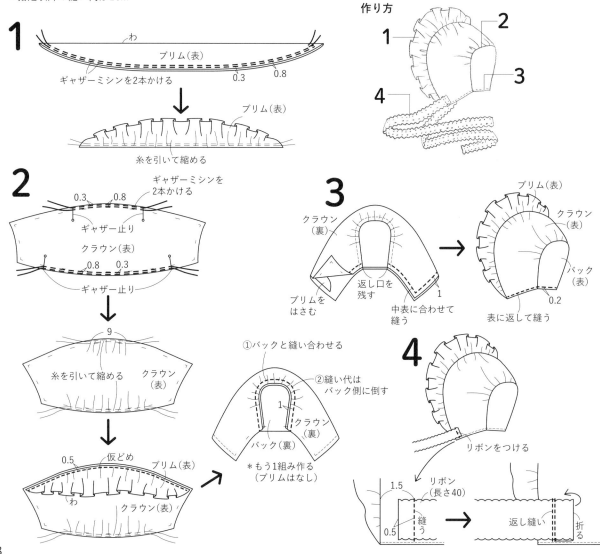

1
わ
ブリム(表)
ギャザーミシンを2本かける
0.3　0.8

ブリム(表)
糸を引いて縮める

2
ギャザーミシンを
2本かける
0.3　0.8
ギャザー止り
クラウン(表)
0.8　0.3
ギャザー止り

9
糸を引いて縮める　クラウン(表)

0.5
仮どめ
ブリム(表)
わ
クラウン(表)

3
クラウン(裏)
ブリムをはさむ
返し口を残す
中表に合わせて縫う
1

ブリム(表)
クラウン(表)
バック(表)
0.2
表に返して縫う

①バックと縫い合わせる
②縫い代はバック側に倒す
1
クラウン(裏)
バック(裏)
*もう1組み作る
（ブリムはなし）

4
リボンをつける
1.5
リボン(長さ40)
0.5
縫う
返し縫い
折る

4 ロングベストとファーストシューズ〈50〜70サイズ〉
p.5

実物大パターン **A面**

[出来上り寸法]

バスト…約60cm　着丈…70cm

[材料]
布[キルティング地]…52cm幅170cm
バイアステープ…18mm幅400cm（ロングベスト分）
　　　　　　　　12.7mm幅110cm（ファーストシューズ分）
綿テープ…2.5cm幅110cm（ロングベスト分）
リボン…0.5cm幅70cm（ファーストシューズ分）

裁合せ図

52cm幅

シューズ・側面
0

シューズ・底
0

前

3

後ろ

わ

3

＊指定以外の縫い代は1cm
＊〜〜〜〜＝ジグザグミシン

[ロングベスト]

1 肩を縫い、縫い代は割る（p.46参照）

2 脇を縫い、縫い代は割る

3 裾を三つ折りにして縫う

4 結びひもを6本作る

5 左前端に結びひもをはさんで衿ぐり、袖ぐりをバイアステープでくるむ（p.51参照）

6 右前に結びひもをつける

7 後ろに綿テープをつける

[ファーストシューズ]

1 かかとを縫う（図参照）

2 側面と底を縫い、バイアステープでくるむ（図、p.51参照）

3 はき口をバイアステープでくるむ（図、p.51参照）

4 リボンをつける（図参照）

作り方 ロングベスト

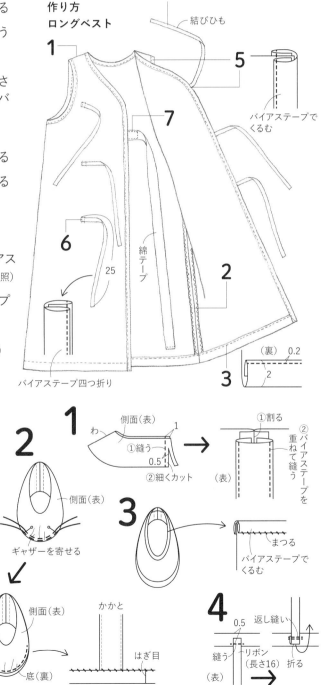

4 結びひも

1

5 バイアステープでくるむ

7

6 25

綿テープ

2

3 （裏）0.2　2

バイアステープ四つ折り

作り方 ファーストシューズ

1
3
2
4

2 側面（表）　ギャザーを寄せる

1 わ　側面（表）　①縫う　0.5　②細くカット　1
→ ①割る　②バイアステープを重ねて縫う（表）

3 まつる　バイアステープでくるむ

側面　0.5　底　バイアステープでくるむ　まつる（表）　縫う　側面（表）　0.5　底（裏）

かかと　はぎ目

4 0.5　返し縫い　縫う　リボン（長さ16）　折る（表）

39

5,6 ベビードレス

〈50〜70サイズ〉
p.6

実物大パターン　**A面**

［出来上り寸法］
バスト…56cm　着丈…5は73.5cm、6は60.5cm
［材料］
布［5はリバティプリント］…110cm幅170cm
　［6は綿プリント］…110cm幅130cm
プラスナップ…直径9mmを5は8組み、6は7組み
リボン…5は9mm幅30cm、6は4mm幅30cm
ゴムテープ…8コールを30cm（重なり分2cm含む）

5の裁合せ図　*6はp.42参照

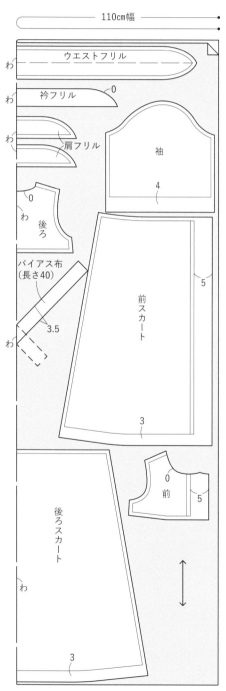

*指定以外の縫い代は1cm

作り方
5

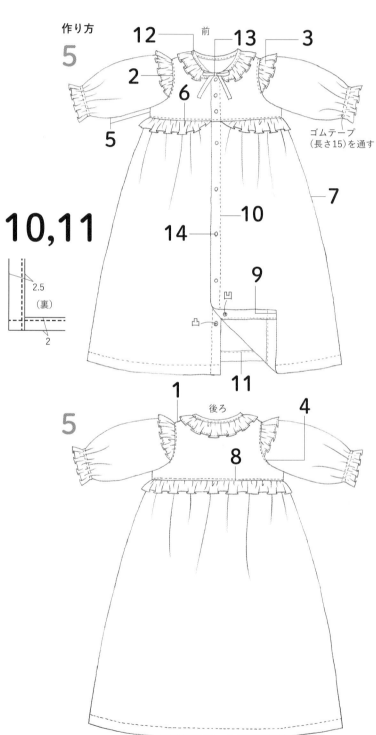

1 肩を縫い、縫い代は後ろ側に倒す（p.79-**2**参照）

2 袖山にギャザーを寄せる（p.37-**2**参照）

3 肩フリルを作り、袖ぐりにつける（図参照）

4 袖をつける（p.37-**2**参照）

5 袖下から脇を続けて縫って袖口を三つ折りにして縫い、ゴムテープを通す（p.37-**3**、**4**参照）

6 ウエストフリルにギャザーを寄せ、身頃のウエストにつける（図参照）
　＊**6**はウエストフリルはなし

7 スカートの脇を縫い、縫い代は後ろ側に倒し、ウエストにギャザーを寄せる

8 身頃とスカートを縫い合わせる（p.37-**6**参照）

9 前端の裾を三つ折りにして裾の角を縫う（p.37-**7**参照）

10 前端を三つ折りにして縫う

11 裾を三つ折りにして縫う

12 衿フリルを作ってつけ（p.79-**5**参照）、衿ぐりをバイアス布でくるむ（p.37-**10**参照）

13 リボンをつけて結ぶ

14 プラスナップをつける（p.29参照）

3

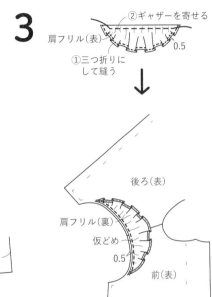

肩フリル（表）　②ギャザーを寄せる
①三つ折りにして縫う　0.5
後ろ（表）
肩フリル（裏）
仮どめ　0.5
前（表）

6

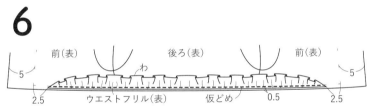

前（表）　後ろ（表）　前（表）
5　5
2.5　ウエストフリル（表）　わ　仮どめ　0.5　2.5

作り方
6

＊p.42 **9**衿のつけ方

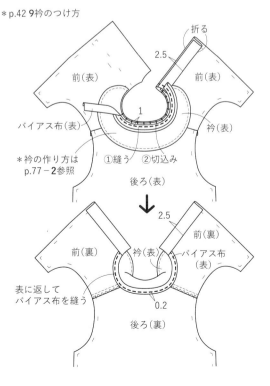

折る
2.5
前（表）　前（表）
バイアス布（表）　1　衿（表）
＊衿の作り方は
p.77-**2**参照
①縫う　②切込み
後ろ（表）

2.5
前（裏）　衿（表）　バイアス布（表）
表に返して
バイアス布を縫う
0.2
後ろ（裏）

9,11 ベビードレス

〈50〜70サイズ〉
p.8,9

実物大パターン　**A面**

[出来上り寸法]
バスト…56cm　着丈…60.5cm

[材料]
布［9は綿刺繍布］…108cm幅170cm
　　［11は綿ストライプ］…110cm幅170cm
プラスナップ…直径9mmを7組み
接着芯（9のみ）…20×30cm（表衿分）
チロリアンテープ（11のみ）
　　…1.5cm幅100cm（前身頃、前スカート分）
ゴムテープ…8コールを30cm（重なり分2cm含む）

裁合せ図　＊6、9、11共通

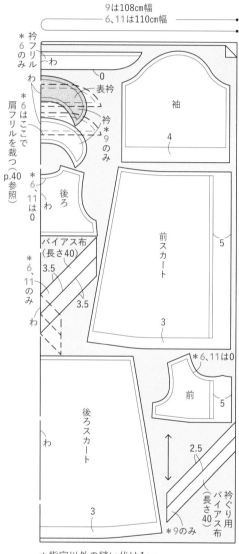

9は108cm幅
6、11は110cm幅

衿フリル
6のみ

わ

表衿

わ

＊6はここで
肩フリルを裁つ
（p.40参照）

衿
＊9のみ

袖
4

わ

＊6、11は0

後ろ
0

前スカート
5

バイアス布
（長さ40）
3.5

3.5

わ

＊6、11のみ

後ろスカート

わ

3

＊6、11は0

前
5

2.5

衿ぐり用バイアス布（長さ40）

＊9のみ

＊指定以外の縫い代は1cm
＊▨＝接着芯

1~14　p.41参照

＊9は、1のあとで衿を作ってつけ、バイアス布で始末する（p.41参照）
＊11は、7で前スカートにチロリアンテープをつけてから脇を縫う。
　10で前端を三つ折りにしてから衿ぐりをバイアス布でくるむ
　（p.51参照）

作り方

9

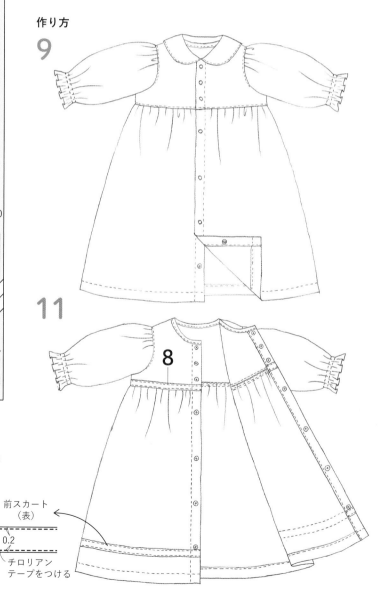

11

8

8

前身頃（表）

チロリアンテープをつける
0.2

前スカート（表）

7

前スカート
（表）

0.2

チロリアンテープをつける

42

8,10,12

スタイ 〈50〜70サイズ〉
p.7,8,9

実物大パターン　**A面**

［出来上り寸法］
8…25×26cm　10…20×21cm　12…26×22cm
［材料］
布［ダブルガーゼ］…8は50×30cm、
　　　　　　　　　　10、12は60×30cm
マジックテープ…2.5㎝幅3cm
25番刺繍糸…適宜

裁合せ図

8

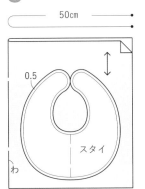

50cm

0.5

スタイ

わ

10

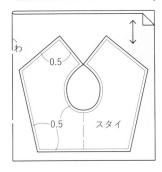

60cm

0.5

0.5

スタイ

わ

12

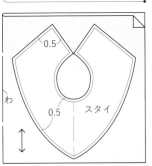

60cm

0.5

0.5

スタイ

わ

*指定の縫い代をつけて裁つ

作り方

10

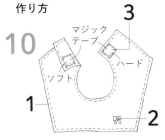

マジックテープ
ソフト
ハード

1
3
2

1　表裏を中表に合わせて縫う（図参照）
2　刺繍をする
3　マジックテープをつける（p.66参照）

1

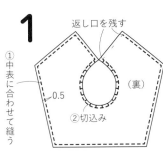

①中表に合わせて縫う
返し口を残す
0.5
（裏）
②切込み

→

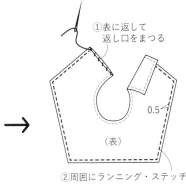

①表に返して返し口をまつる
0.5
（表）
②周囲にランニング・ステッチ

8

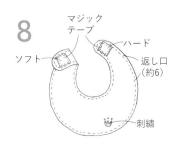

マジックテープ
ソフト
ハード
返し口（約6）
刺繍

12

マジックテープ
返し口
ソフト
ハード
刺繍

刺繍の刺し方

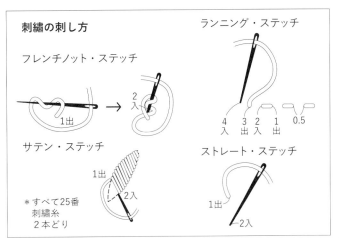

フレンチノット・ステッチ
1出
2入

ランニング・ステッチ
4入　3出　2入　1出　0.5

サテン・ステッチ
1出
2入

ストレート・ステッチ
1出
2入

*すべて25番刺繍糸2本どり

13 2wayカバーオールと帽子〈50〜70サイズ〉 p.10

実物大パターン　A面

[出来上り寸法]
バスト…56cm　着丈…59cm

[材料]
布［綿ジャージー］…90cm幅130cm
接着芯…10×60cm
プラスナップ…直径9mmを13組み
ゴムテープ…8コールを30cm（袖口分。重なり分2cm含む）
　　　　　　8コールを40cm（裾分）

裁合せ図

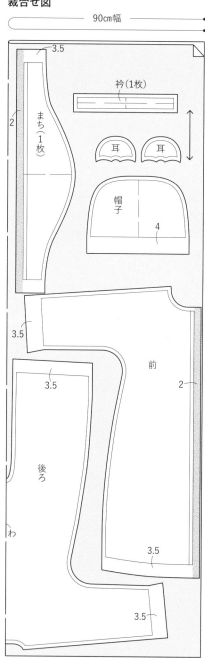

* 指定以外の縫い代は1cm
* ▨＝接着芯

［2wayカバーオール］

1 肩を縫い、縫い代は後ろ側に倒す（p.75-**3**参照）

2 衿を作ってつける（p.56-**2**参照）

3 袖下から脇を縫う（図参照）

4 袖口を二つ折りにして縫い、ゴムテープを通す（図参照）

5 後ろとまちを縫い合わせる（図参照）

6 裾を二つ折りにして縫い、ゴムテープを通す（図参照）

7 前端を二つ折りにしてジグザグミシンをかける（図参照）

8 プラスナップをつける（p.29参照）

［帽子］

1 耳を作ってつける（図参照）

2 周囲を縫う（図参照）

3 顔口を二つ折りにしてジグザグミシンをかける（図参照）

作り方
2wayカバーオール

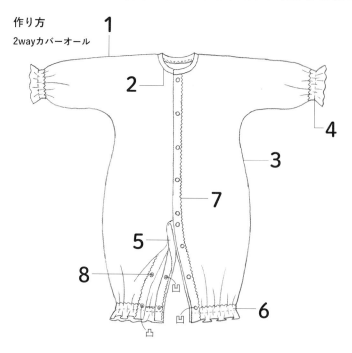

3

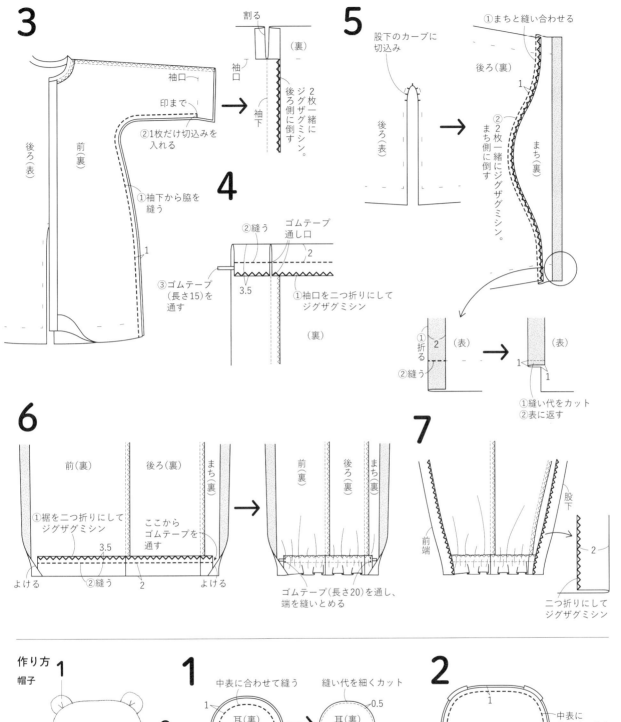

割る

袖口
（裏）

②1枚だけ切込みを入れる

印まで

①袖下から脇を縫う

2枚一緒にジグザグミシン。後ろ側に倒す

袖口
袖下
後ろ側に倒す

後ろ（表）　前（裏）

1

4

②縫う

ゴムテープ通し口

2

3.5

③ゴムテープ（長さ15）を通す

①袖口を二つ折りにしてジグザグミシン

（裏）

5

股下のカーブに切込み

①まちと縫い合わせる

後ろ（裏）

後ろ（表）

1

②2枚一緒にジグザグミシン。まち側に倒す

まち（裏）

①折る
②縫う
2
（表）

①縫い代をカット
②表に返す
1
1
（表）

6

前（裏）　後ろ（裏）　まち（裏）

①裾を二つ折りにしてジグザグミシン

ここからゴムテープを通す

3.5

よける　②縫う　2　よける

前（裏）　後ろ（裏）　まち（裏）

ゴムテープ（長さ20）を通し、端を縫いとめる

7

前端

股下

2

二つ折りにしてジグザグミシン

作り方
帽子

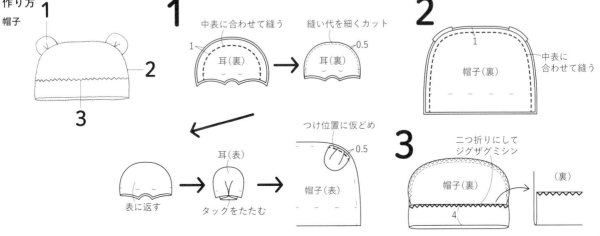

1
2
3

1

中表に合わせて縫う
1
耳（裏）

縫い代を細くカット
0.5
耳（裏）

表に返す

タックをたたむ
耳（表）

つけ位置に仮どめ
0.5
帽子（表）

2

1
帽子（裏）

中表に合わせて縫う

3

二つ折りにしてジグザグミシン
帽子（裏）

4

（裏）

14 おくるみとベスト

〈50〜70サイズ〉

p.11

ベストの実物大パターン **A面**

[出来上り寸法]
ベスト
バスト…58cm　着丈…26.5cm
おくるみ
85×85cm

[材料]
布［キルティング地］…106cm幅120cm
バイアステープ…18mm幅640cm
プラスナップ…直径13mmを1組み

作り方

ベスト

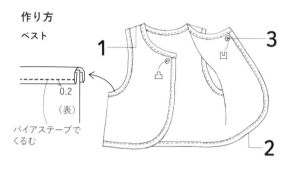

0.2
（表）
バイアステープで
くるむ

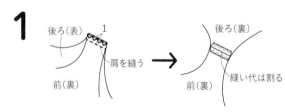

1
後ろ（表）　1
肩を縫う
前（裏）

→

後ろ（裏）
縫い代は割る
前（裏）

[ベスト]

1 肩を縫い、縫い代は割る（図参照）

2 袖ぐり、前端から裾、衿ぐりを
バイアステープでくるむ（p.51参照）

3 プラスナップをつける（p.29参照）

[おくるみ]

1 フードの顔口をバイアステープで
くるむ（p.51参照）

2 おくるみ・本体の周囲をバイアス
テープでくるむ（p.51参照）

3 ポケットを作り、おくるみの
裏側につける（図参照）

製図

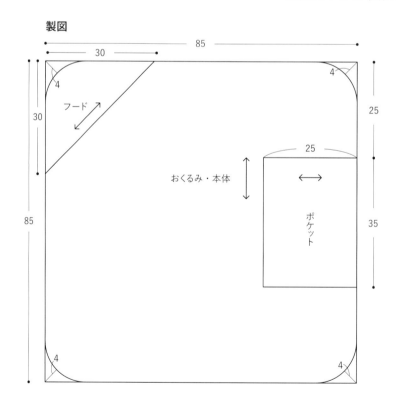

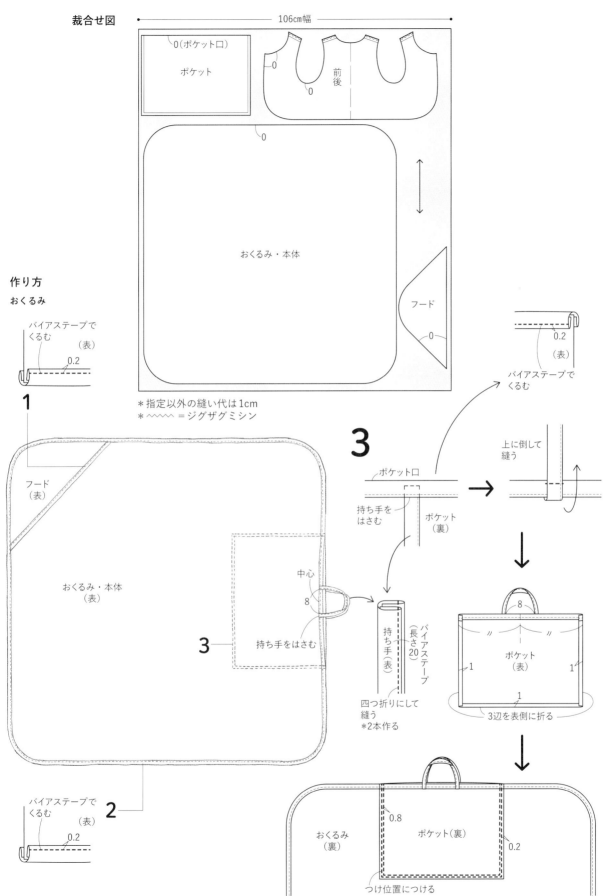

裁合せ図

106cm幅

0（ポケット口）

ポケット

前後

0

0

0

おくるみ・本体

フード

0

＊指定以外の縫い代は1cm
＊∧∧∧∧∧ ＝ジグザグミシン

バイアステープで
くるむ

0.2

（表）

作り方
おくるみ

バイアステープで
くるむ

（表）

0.2

1

フード
（表）

おくるみ・本体
（表）

3

持ち手をはさむ

中心

8

3

バイアステープで
くるむ

上に倒して
縫う

ポケット口

持ち手を
はさむ

ポケット
（裏）

持ち手（表）

バイアステープ
（長さ20）

四つ折りにして
縫う
＊2本作る

8

ポケット
（表）

1

1

1

3辺を表側に折る

バイアステープで
くるむ

（表）

0.2

2

0.8

おくるみ
（裏）

ポケット（裏）

0.2

つけ位置につける

15-a 短肌着 〈50〜70サイズ〉 p.12

15-b ネルの短肌着 〈50〜70サイズ〉 p.13

実物大パターン　B面

［出来上り寸法］
バスト…約54cm
着丈…34cm
［材料］
布［15-aはダブルガーゼ、15-bはネル］
　…110cm幅80cm
綿テープ…0.9cm幅120cm
25番刺繍糸

裁合せ図

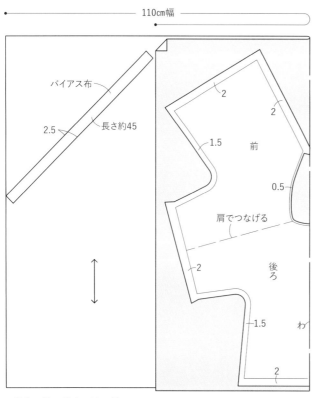

110cm幅

バイアス布

2.5　長さ約45

2

2

1.5

前

0.5

肩でつなげる

2

後ろ

1.5

わ

2

＊指定の縫い代をつけて裁つ

1　前端と裾を表側に三つ折りにして千鳥がけで縫いとめる（p.30参照）

2　後ろ裾も **1** と同様に縫う

3　衿ぐりをバイアス布で表側に始末し、千鳥がけで縫う（p.31参照）

4　袖口も **1** と同様に縫う

5　袖下から脇を袋縫いで縫う（p.31参照）

6　綿テープをつける（p.31参照）

作り方

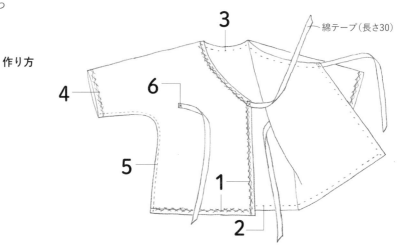

綿テープ（長さ30）

16-a 長肌着 〈50〜70サイズ〉 p.12

16-b ネルの長肌着 〈50〜70サイズ〉 p.13

実物大パターン　B面

［出来上り寸法］
バスト…約54cm
着丈…50cm
［材料］
布［16-aはダブルガーゼ、16-bはネル］
　…110cm幅110cm
綿テープ…0.9cm幅180cm
25番刺繍糸

裁合せ図

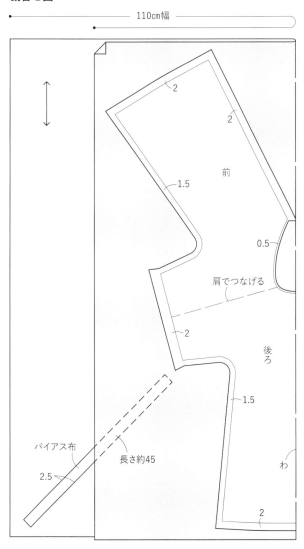

＊指定の縫い代をつけて裁つ

1 前端と裾を表側に三つ折りにして千鳥がけで縫いとめる（p.30参照）

2 後ろ裾も1と同様に縫う

3 衿ぐりをバイアス布で表側に始末し、千鳥がけで縫う（p.31参照）

4 袖口も1と同様に縫う

5 袖下から脇を袋縫いで縫う（p.31参照）

6 綿テープをつける（p.31参照）

作り方

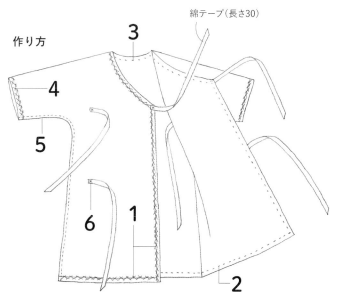

17-a パンツ 〈50〜70サイズ〉 p.12

17-b ネルのパンツ 〈50〜70サイズ〉 p.13

実物大パターン　B面

［出来上り寸法］
ヒップ…56cm
パンツ丈…37cm
［材料］
布［ 17-aはダブルガーゼ、17-bはネル］
　…110cm幅50cm
ゴムテープ…1.5cm幅40cm（重なり分2cm含む）
25番刺繍糸

1 裾を表側に三つ折りにして千鳥がけで縫いとめる（図、p.30参照）

2 後ろ股上を折伏せ縫いで縫う（図参照）

3 股下を袋縫いで縫う（図、p.31参照）

4 ウエストを表側に三つ折りにして縫い、ゴムテープを通す（図参照）

裁合せ図

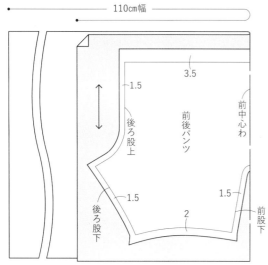

110cm幅

1.5　3.5
前後パンツ
前中心わ
後ろ股上
1.5　1.5
後ろ股下　2　前股下

＊指定の縫い代をつけて裁つ

作り方

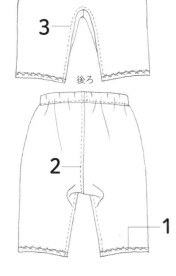

前
4
3
後ろ
2
1

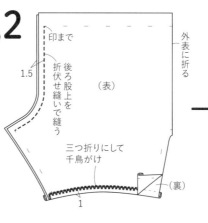

1,2

印まで
1.5
後ろ股上を折伏せ縫いで縫う
（表）
外表に折る
三つ折りにして千鳥がけ
（裏）
1

0.8
三つ折りにして縫う（表）

切込みを入れて割る　0.2
1
後ろ股上
（表）
0.5折る　0.7にカット

折伏せ縫いで縫う

1　（表）

3

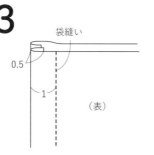

袋縫い
0.5
1
（表）

4

表側に三つ折りにして縫う
2.5
0.2
ゴムテープ通し口
（表）

31,39 キャップ 〈S、M〉 p.18,21

実物大パターン　C面

[出来上り寸法]
頭回り…S＝50cm　M＝52cm

[材料]
布［31 はオーガニックコットン］…112cm幅20cm
　　［39 はナイロンタフタ］…116cm幅20cm
帽子用接着芯…20×20cm
ゴムテープ…8コールを25cm
サイズテープ（またはグログランリボン）…2.5cm幅50cm
バイアステープ…1cm幅50cm

裁合せ図

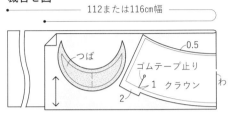

＊指定以外の縫い代は1cm
＊▨＝接着芯

作り方

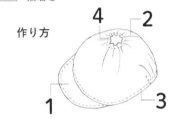

1 つばを作り、クラウンに縫いとめる（図参照）

2 クラウンの後ろ中心を縫う（図参照）

3 後ろ中心の下側を三つ折りにして縫い、
ゴムテープを通す。
サイズテープをつける（図参照）

4 クラウンの上側をバイアステープで始末し、
ゴムテープを通す（図、p.75参照）

1

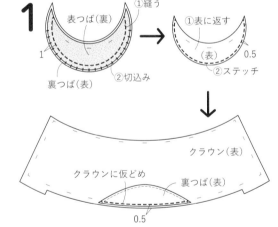

2,3,4

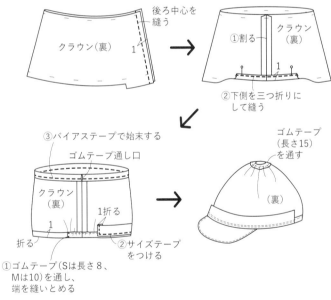

バイアス布（バイアステープ）のくるみ方

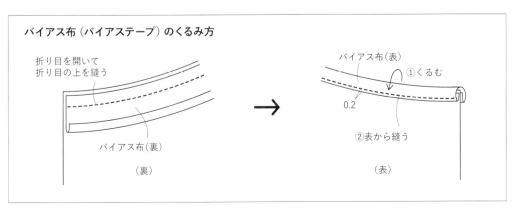

51

18,21 カバーオール

〈70、75、80サイズ〉

p.14,15

実物大パターン **B面**

＊文中、図中の3つ並んだ数字は70、75、80サイズ。
　1つは共通

［出来上り寸法］
バスト…60、62、64cm　着丈…58、63、68cm

［材料］
布［綿ジャージー］…96cm幅110cm
接着芯…**18**は30×40cm、**21**は10×40cm
テープスナップ…2cm幅40cm
プラスナップ…直径13mmを4組み

裁合せ図

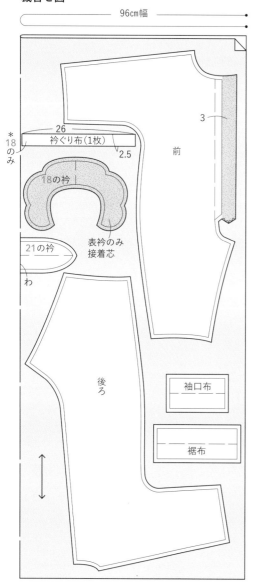

96cm幅

3

26
衿ぐり布（1枚）
2.5
前

＊18のみ

18の衿

表衿のみ
接着芯

21の衿

わ

後ろ

袖口布

裾布

＊指定以外の縫い代は1cm
＊ □ ＝接着芯
＊〜〜〜＝ジグザグミシン

作り方

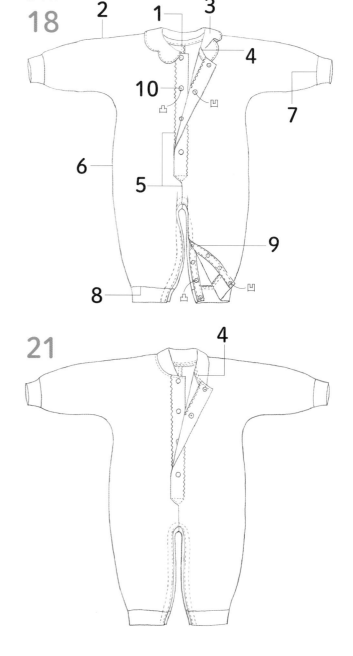

18

2　1　3

4

10

凸　凹

7

6

5

9

8

凸　凹

21

4

1 後ろ中心を縫い、縫い代は左側に倒す

2 肩を縫い、縫い代は後ろ側に倒す
（p.75-3参照）

3 衿を作る（18。p.55-1参照）

4 衿をつける（図参照）

5 前股上を縫い、あきを始末する（図参照）

6 袖下から脇を縫う（p.75-4参照）

7 袖口布をつける（p.57-4参照）

8 裾布をつける（図参照）

9 股下にテープスナップをつける（p.30参照）

10 プラスナップをつける（p.29参照）

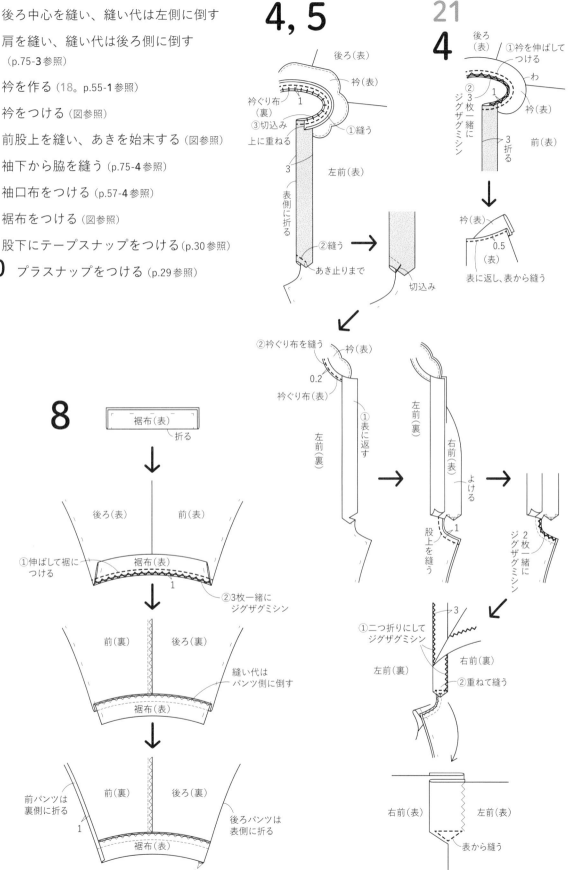

53

19 ベスト〈70、75、80サイズ〉 p.14

実物大パターン **B面**

＊文中、図中の2つ並んだ数字は70、75、80サイズ。
　1つは共通

［出来上り寸法］

バスト…56、58、60cm　着丈…27、28.5、30cm

［材料］

布a、b［綿ジャージー］…各96cm幅40cm

接着芯…10×5cm

プラスナップ…直径13mmを1組み

裁合せ図　＊布a,b共通

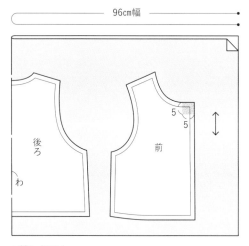

←96cm幅→

後ろ

わ

前

5
5

＊縫い代は1cm
＊▨＝接着芯

1 肩を縫い、縫い代は割る（布a、bとも）

2 表裏身頃を中表に合わせて衿ぐりから
　　前端、袖ぐりを縫う（図参照）

3 表裏続けて脇を縫う（図参照）

4 表裏身頃を中表に合わせて裾を縫う（図参照）

5 プラスナップをつける（p.29参照）

作り方

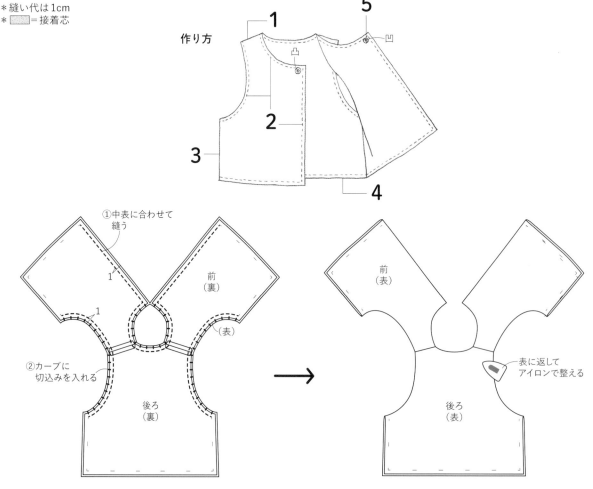

①中表に合わせて縫う

②カーブに切込みを入れる

前（裏）

（表）

後ろ（裏）

前（表）

後ろ（表）

表に返してアイロンで整える

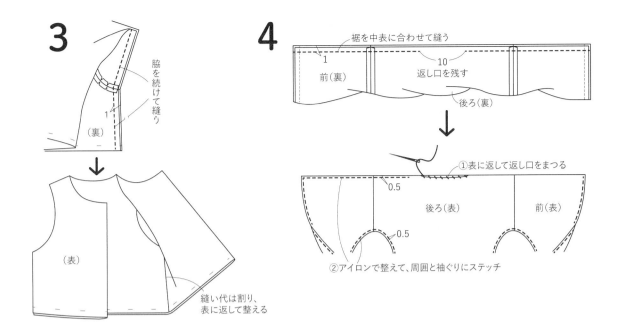

3

脇を続けて縫り

1

（裏）

（表）

縫い代は割り、表に返して整える

4

裾を中表に合わせて縫う

1
前（裏）

10
返し口を残す

後ろ（裏）

①表に返して返し口をまつる

0.5

後ろ（表）

前（表）

0.5

②アイロンで整えて、周囲と袖ぐりにステッチ

20,22 スタイ〈70〜80サイズ〉 p.14,15

実物大パターン　**B面**

［出来上り寸法］
20…23 × 23 cm　　22…23 × 23.5 cm
［材料］　＊20、22共通
布 a、b［綿ジャージー］…各30 × 30 cm
マジックテープ…2.5 cm幅3 cm

1 表裏を中表に合わせて縫う（図参照）

2 マジックテープをつける（p.66参照）

裁合せ図 ＊布a,b共通

20

30cm

0.5

スタイ

22

30cm

0.5

スタイ

＊指定の縫い代をつけて裁つ

作り方

20

ハード
マジックテープ
ソフト

2

1

22

マジックテープ
ソフト
ハード

1

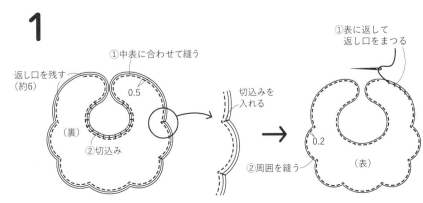

①中表に合わせて縫う

返し口を残す
（約6）

0.5

（裏）

②切込み

切込みを入れる

①表に返して返し口をまつる

0.2

②周囲を縫う

（表）

23 カーディガン〈70、75、80サイズ〉 p.15

実物大パターン　B面
＊文中、図中の3つ並んだ数字は70、75、80サイズ。
　1つは共通

[出来上り寸法]
バスト…56、58、60cm
着丈…33、35、37cm
[材料]
布［綿ジャージー］…96cm幅60cm
接着芯…10×30cm
プラスナップ…直径13mmを4組み

裁合せ図

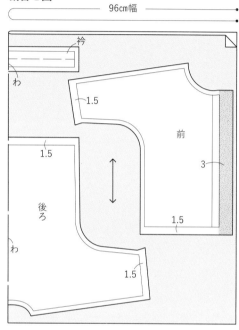

＊指定以外の縫い代は1cm
＊ ▨ ＝接着芯

1 肩を縫い、縫い代は後ろ側に倒す（p.75-3参照）

2 衿を作り、つける（図参照）

3 袖下から脇を縫い、縫い代は前側に倒す

4 袖口を二つ折りにしてジグザグミシンをかける
（図参照）

5 裾を二つ折りにしてジグザグミシンをかける
（図参照）

6 前端を二つ折りにしてジグザグミシンをかける

7 プラスナップをつける（p.29参照）

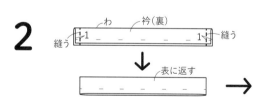

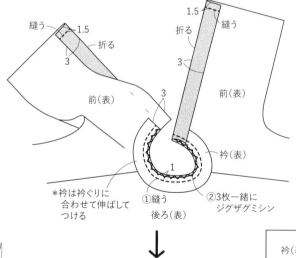

作り方

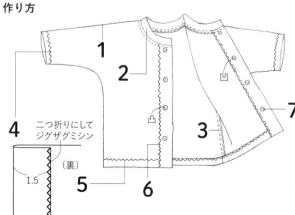

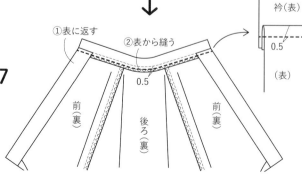

24 パンツ〈70、75、80サイズ〉

p.15

実物大パターン **B面**

＊文中、図中の3つ並んだ数字は70、75、80サイズ。
　1つは共通

［出来上り寸法］
バスト…56、58、60cm
パンツ丈…40、43.5、47cm

［材料］
布［綿ジャージー］…96cm幅50cm
ゴムテープ…1.5cm幅40、42、44cm（重なり分2cm含む）

裁合せ図

＊指定以外の縫い代は1cm

1 後ろ股上を縫い、縫い代は左パンツ側に倒す
（p.83-3参照）

2 股下を縫い、縫い代は後ろ側に倒す

3 ウエストを二つ折りにしてジグザグミシンを
かける。ゴムテープを通す（図参照）

4 裾布を作り、つける（図参照）

3

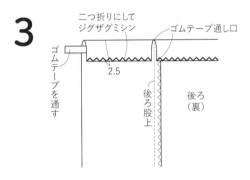

作り方

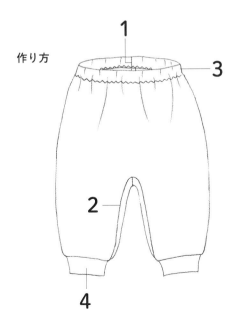

4

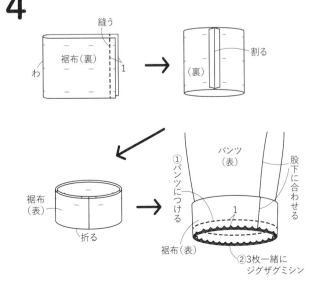

25 じんべえと バルーンパンツ

〈70〜80サイズ〉
p.16

[出来上り寸法]
じんべえ
バスト…約46cm　着丈…31cm
バルーンパンツ
ヒップ…66cm　パンツ丈…22cm
[材料]
布[手ぬぐい]…34cm幅90cmを2枚
綿テープ…0.9cm幅140cm
ゴムテープ…8コールを40cm（ウエスト分。重なり分2cm含む）
　　　　　8コールを50cm（裾分。重なり分2cm含む）

製図

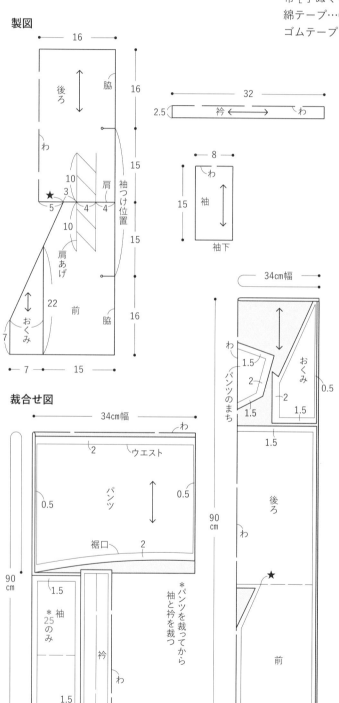

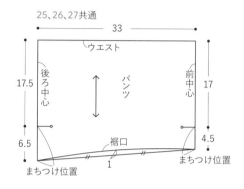

25、26、27共通

裁合せ図

* パンツを裁ってから袖と衿を裁つ

*指定以外の縫い代は1cm

[じんべえ]

1 前とおくみを折伏せ縫いで縫う（図参照）

2 おくみの前端を三つ折りにして縫う（図参照）

3 衿を作り、つける（図参照）

4 脇を縫う（図参照）

5 袖を作り、つける（図参照）

6 裾を三つ折りにして縫う（図参照）

7 綿テープをつける（図参照）

8 肩あげをする。二目落しで縫う（図参照）

*バルーンパンツの作り方はp.60参照

作り方
じんべえ

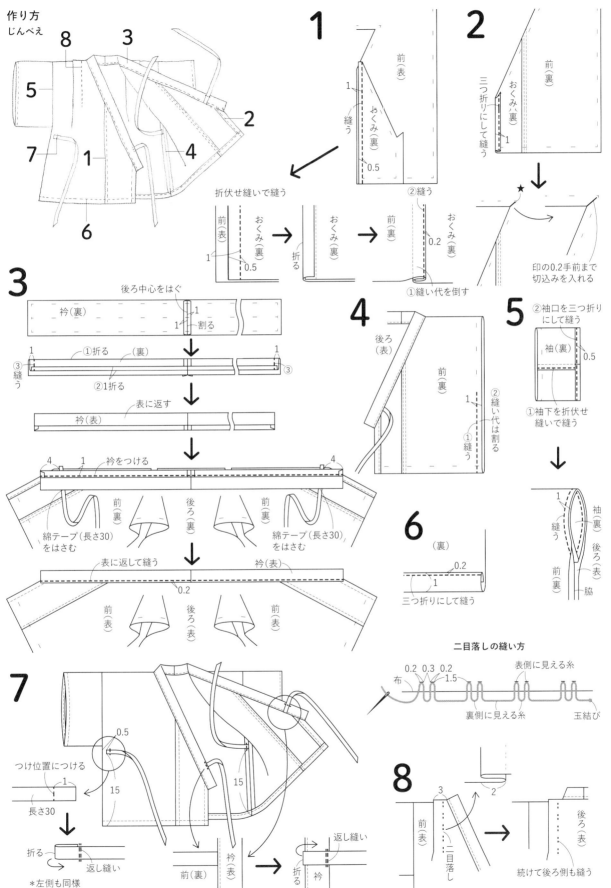

1
折伏せ縫いで縫う
前（表）
おくみ（裏）
1
縫う
0.5

前（表） おくみ（裏） → 前（裏） おくみ（裏） → 前（裏） おくみ（裏）
1 0.5 折る 0.2
①縫い代を倒す

2
前（裏）
三つ折りにして縫う
おくみ（裏）
②縫う
1
0.2

★
印の0.2手前まで
切込みを入れる

3
後ろ中心をはぐ
衿（裏）
1
1 割る
①折る （裏） 1
③縫う ②1折る ③
衿（表）
表に返す
4 1 衿をつける 4
綿テープ（長さ30）
をはさむ
前（裏） 後ろ（裏） 前（裏）
綿テープ（長さ30）
をはさむ
表に返して縫う 衿（表）
前（表） 後ろ（表） 前（表）
0.2

4
後ろ（表）
前（裏）
①縫う
②縫い代は割る
1

5
②袖口を三つ折り
にして縫う
袖（裏） 0.5
①袖下を折伏せ
縫いで縫う
1 袖（裏） 後ろ（表）
縫う 前（裏） 脇

6
（裏）
0.2
三つ折りにして縫う

二目落しの縫い方
0.2 0.3 0.2
布 1.5 表側に見える糸
裏側に見える糸 玉結び

7
0.5
15 15
つけ位置につける
1
長さ30
折る 返し縫い
＊左側も同様
前（裏） 衿（表） 返し縫い
折る 衿
前（裏） 衿（表）

8
3
2
前（表）
二目落し
後ろ（表）
続けて後ろ側も縫う

59

26 袖なしじんべえとパンツ

〈70～80サイズ〉
p.16

［出来上り寸法］
袖なしじんべえ
バスト…約46cm　着丈…31cm
パンツ
ヒップ…66cm　パンツ丈…22cm
［材料］
布［手ぬぐい］…34cm幅90cmを2枚
綿テープ…0.9cm幅140cm
ゴムテープ…8コールを40cm（重なり分2cm含む）

［じんべえ］

1～8 は p.59参照

＊5は袖口を二つ折りにして縫う（図参照）

［パンツ］

1 前後の股上を縫う（図参照）

2 股下とまちを折伏せ縫いで縫う（図参照）

3 裾を三つ折りにして縫う（図参照）

＊25はゴムテープを通す

4 ウエストを三つ折りにして縫い、ゴムテープを
通す。前側に綿テープをつけて結ぶ（図参照）

＊製図、裁合せ図はp.58参照

作り方
じんべえ

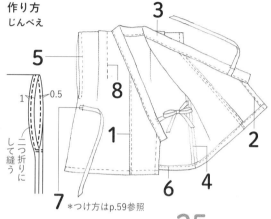

二つ折りにして縫う

0.5

7 ＊つけ方はp.59参照

パンツ

1 2 3 4

25

3

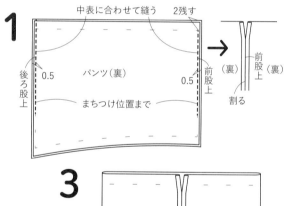

1

中表に合わせて縫う　　2残す

後ろ股上
0.5　パンツ（裏）　0.5　前股上
まちつけ位置まで

前股上（裏）
割る

（裏）

0.2
1
ゴムテープ（長さ22）を通す

2

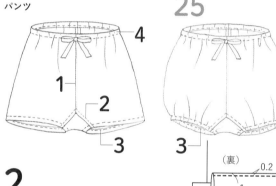

前（裏）
まちをつける
1.5
まち（裏）

折伏せ縫いで縫う

まち（表）
0.5　縫う
前（裏）

折る
前（裏）

②縫う　0.2
①倒す
まち（裏）

前（裏）

まち（裏）

後ろ（裏）

後ろ側も折伏せ縫い

3

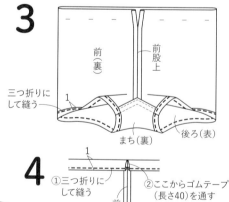

前（裏）　前股上
三つ折りにして縫う
1
まち（裏）　後ろ（表）

4

①三つ折りにして縫う
1
②ここからゴムテープ（長さ40）を通す
前股上

綿テープ（長さ20）を結んでつける

前（表）

60

27 はらがけとパンツ

〈70〜80サイズ〉
p.17

[出来上り寸法]
はらがけ
幅…59cm　長さ…22.5cm
パンツ　p.60参照

[材料]
布［手ぬぐい］…34cm幅90cmを2枚
綿テープ…0.9cm幅20cm
ゴムテープ…8コールを40cm（重なり分2cm含む）

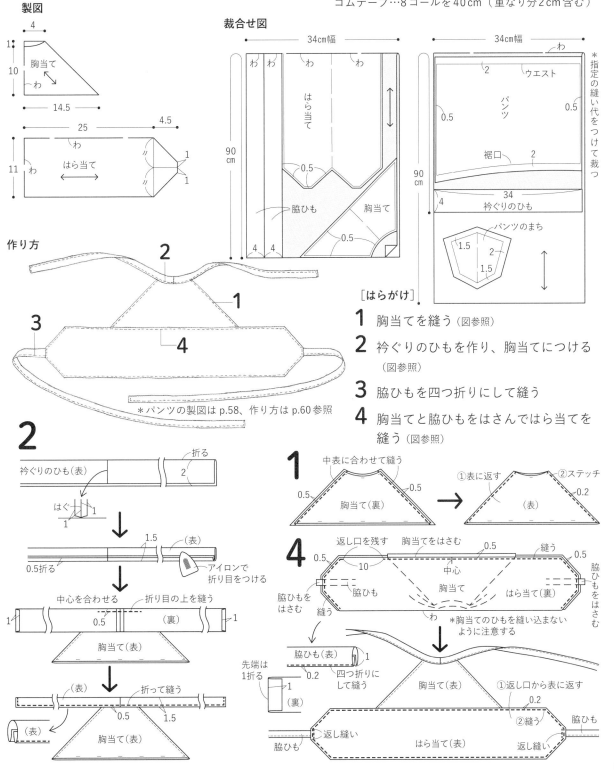

製図

胸当て

はら当て

裁合せ図

作り方

*パンツの製図は p.58、作り方は p.60参照

[はらがけ]

1 胸当てを縫う（図参照）

2 衿ぐりのひもを作り、胸当てにつける
（図参照）

3 脇ひもを四つ折りにして縫う

4 胸当てと脇ひもをはさんではら当てを
縫う（図参照）

28 ロンパース〈70、75サイズ〉 p.18

実物大パターン　**B面**

＊文中、図中の2つ並んだ数字は、70、75サイズ。
　1つは共通

[出来上り寸法]
バスト…57、59cm　着丈…42、45cm
[材料]
布［リバティプリント］…110cm幅110、120cm
プラスナップ…直径9mmを4組み
マジックテープ…2.5cm幅6cm
接着芯…90cm幅30cm
ゴムテープ…8コールを50、60cm

裁合せ図

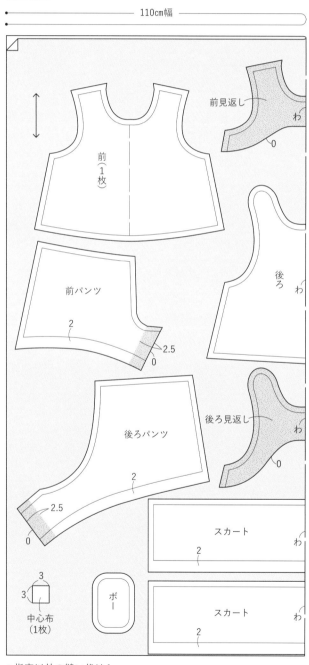

＊指定以外の縫い代は1cm
＊ [　] ＝接着芯

製図

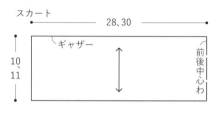

スカート

ギャザー　28、30

10、11

前後中心わ

ボー

9

6

1

1. 脇を縫い、縫い代は後ろ側に倒す
2. 見返しを縫い、身頃と縫い合わせる（p.65-4参照）
3. パンツの前後股上を縫う（p.32参照）
4. パンツの脇を縫い、縫い代は後ろ側に倒す
5. 股下のあきと裾を縫い、裾にゴムテープを通す（p.65-5参照）
6. スカートを縫い、パンツにつける（図参照）
7. 身頃とパンツを縫い合わせる（図参照）
8. ボーを作り、つける（図参照）
9. マジックテープをつける（p.66参照）
10. プラスナップをつける（p.29参照）

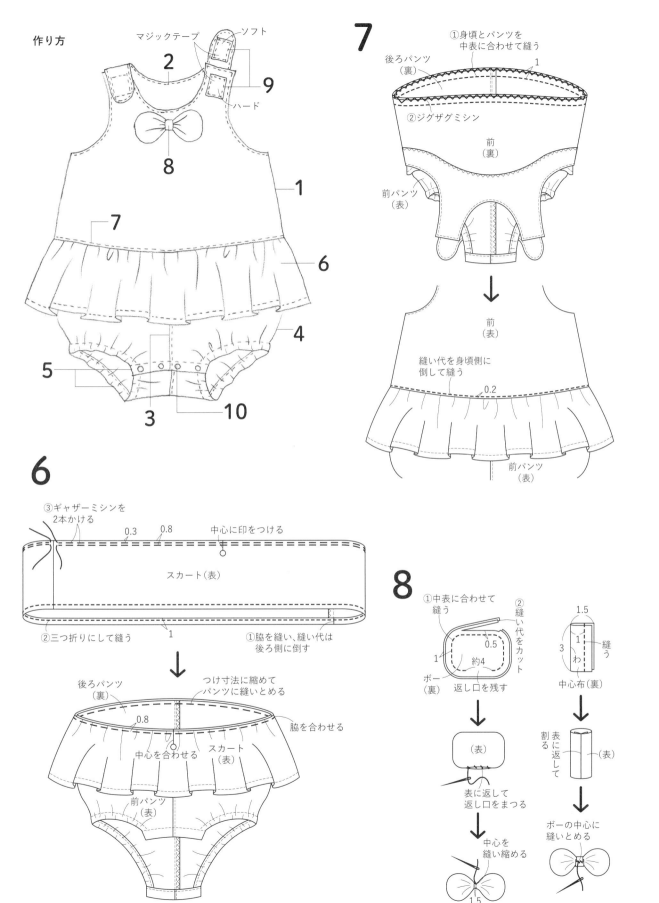

作り方

マジックテープ
ソフト
2
9
ハード
8
1
7
6
4
5
3
10

7

①身頃とパンツを
中表に合わせて縫う
後ろパンツ
（裏）
1
②ジグザグミシン
前
（裏）
前パンツ
（表）

前
（表）
縫い代を身頃側に
倒して縫う
0.2
前パンツ
（表）

6

③ギャザーミシンを
2本かける
0.3　　0.8
中心に印をつける
スカート（表）
②三つ折りにして縫う
1
①脇を縫い、縫い代は
後ろ側に倒す

後ろパンツ
（裏）
つけ寸法に縮めて
パンツに縫いとめる
0.8
中心を合わせる
脇を合わせる
スカート
（表）
前パンツ
（表）

8

①中表に合わせて
縫う
②縫い代をカット
0.5
1
約4
ボー
（裏）
返し口を残す

（表）
表に返して
返し口をまつる

中心を
縫い縮める
1.5

1.5
1
3
わ
縫う
中心布（裏）

割る
表に返して
（表）

ボーの中心に
縫いとめる

63

30 ロンパース〈70、75サイズ〉 p.18

実物大パターン　**B面**
＊文中、図中の2つ並んだ数字は、70、75サイズ。
　1つは共通

[出来上り寸法]
バスト…57、59cm　着丈…約42、45cm
[材料]
布[オーガニックコットン]…112cm幅80、90cm
プラスナップ…直径9mmを4組み
マジックテープ…2.5cm幅6cm
接着芯…90cm幅30cm
ゴムテープ…8コールを50、60cm

裁合せ図

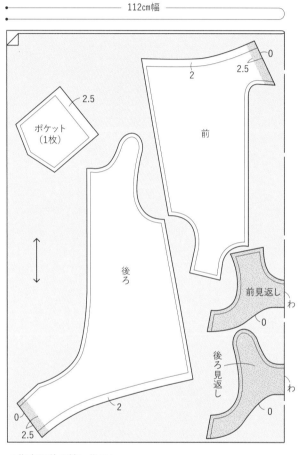

＊指定以外の縫い代は1cm
＊▨＝接着芯

作り方

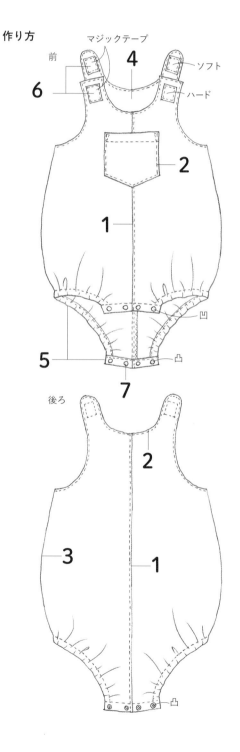

1 前後中心を縫い、縫い代は左側に倒す

2 ポケットを作り、つける (図参照)

3 脇を縫い、縫い代は後ろ側に倒す

4 見返しを縫い、身頃と縫い合わせる (図参照)

5 股下のあきと裾を縫い、裾にゴムテープを通す(図参照)

6 マジックテープをつける (p.66参照)

7 プラスナップをつける (p.29参照)

4

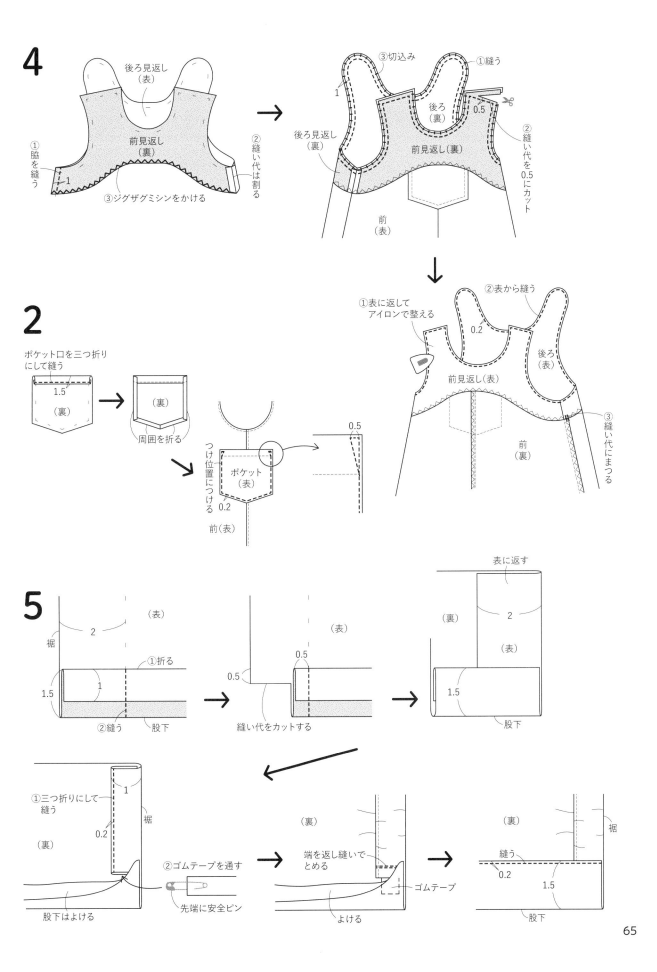

後ろ見返し（表）

前見返し（裏）

①脇を縫う

1

②縫い代は割る

③ジグザグミシンをかける

③切込み

①縫う

1

後ろ（裏）

0.5

②縫い代を0.5にカット

後ろ見返し（裏）

前見返し（裏）

前（表）

①表に返してアイロンで整える

②表から縫う

0.2

後ろ（表）

前見返し（表）

③縫い代にまつる

前（裏）

2

ポケット口を三つ折りにして縫う

1.5

（裏）

周囲を折る

（裏）

つけ位置につける

ポケット（表）

0.2

前（表）

0.5

5

（表）

2

裾

①折る

1

1.5

②縫う

股下

（表）

0.5

0.5

縫い代をカットする

表に返す

（裏）

2

（表）

1.5

股下

①三つ折りにして縫う

1

裾

（裏）

0.2

股下はよける

②ゴムテープを通す

先端に安全ピン

（裏）

端を返し縫いでとめる

よける

ゴムテープ

（裏）

裾

縫う

0.2

1.5

股下

32 ジャンパースカート

〈75、80、90サイズ〉
p.**19**

実物大パターン　**C面**
＊文中、図中の3つ並んだ数字は、
　75、80、90サイズ。1つは共通

［**出来上り寸法**］
バスト…56、58、62cm　着丈…45、46、48cm
［**材料**］
布［デニム刺繍地］…114cm幅80cm
マジックテープ…2.5cm幅7cm
接着芯…90cm幅30cm

裁合せ図

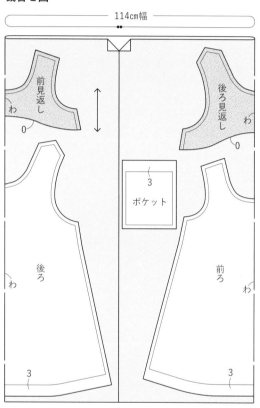

＊指定以外の縫い代は1cm
＊ ▨ ＝接着芯

1 ポケットを作り、つける （p.79-**1**参照）

2 脇を縫い、縫い代は後ろ側に倒す

3 見返しを縫い、身頃と縫い合わせる
　（p.65-**4**参照）

4 裾を三つ折りにして縫う （図参照）

5 マジックテープをつける （図参照）

作り方

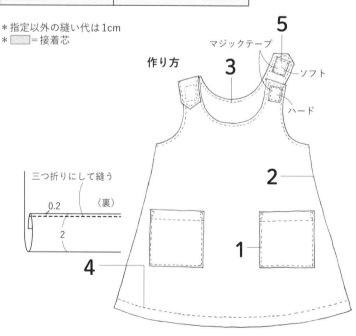

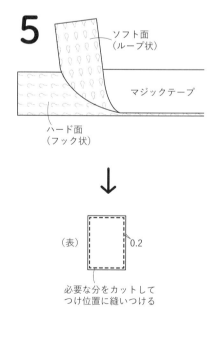

34 オーバーオール
〈75、80、90サイズ〉
p.19

実物大パターン **C面**

＊文中、図中の3つ並んだ数字は、
　75、80、90サイズ。1つは共通

[出来上り寸法]
バスト…62、64、68cm　着丈…62.5、67.5、76.5cm

[材料]
布[綿ストライプ]…114cm幅110cm
マジックテープ…2.5cm幅7cm
接着芯…90cm幅30cm
テープスナップ…2cm幅80cm

裁合せ図

1 ポケットを作り、つける (p.79-**1**参照)

2 前後中心を縫い、縫い代は左側に倒す
（p.74-**1**参照）

3 脇を縫い、縫い代は後ろ側に倒す

4 見返しを縫い、身頃と縫い合わせる(p.65-**4**参照)

5 裾を三つ折りにして縫う（図参照）

6 テープスナップをつける (p.30参照)

7 マジックテープをつける (p.66参照)

＊指定以外の縫い代は1cm
＊▨＝接着芯

作り方

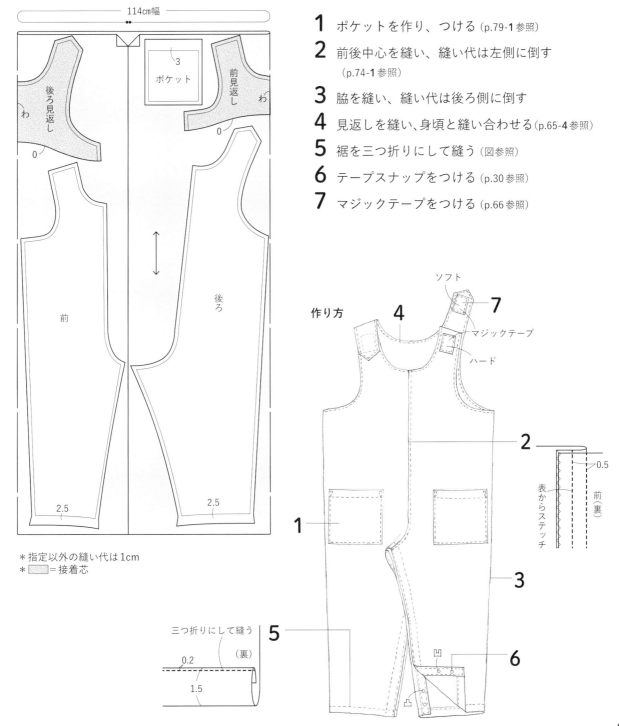

35 リュックとハット〈S、M〉 p.19

36 ハット〈S、M〉 p.19

ハットの実物大パターン **C面**

＊文中、図中の2つ並んだ数字はS、M。
　1つは共通

リュックの製図

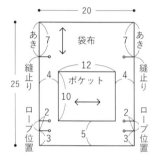

裁合せ図

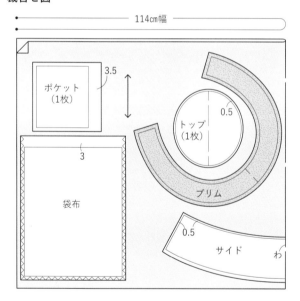

＊指定以外の縫い代は1cm
＊▨ ＝接着芯
＊〰〰 ＝ジグザグミシン

作り方 リュック

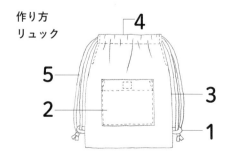

［出来上り寸法］
ハット
頭回り…S＝50、M＝52
リュック…20×25cm
［材料］
布［35は綿ストライプ］…114cm幅50cm
　　［36はデニム刺繍地］…114cm幅40cm
マジックテープ…2.5cm幅3cm（リュック分）
綿ロープ…太さ8mmを220cm（リュック分）
帽子用接着芯…90cm幅40cm（ハット分）
サイズテープ（またはグログランリボン）
　…2.5cm幅60cm（ハット分）
バイアステープ…12.7mm幅60cm（ハット分）

［リュック］

1 袋布1枚にマジックテープと
綿ロープをつける（図参照）

2 ポケットを作り、つける（図参照）

3 周囲を縫止りまで縫い、
あきを始末する（図参照）

4 袋口を三つ折りにして縫う（図参照）

5 綿ロープを通す（図参照）

［ハット］

1 ブリムを縫う（図参照）

2 サイドを縫う（図参照）

3 トップとサイドを縫い合わせる（図参照）

4 サイドとブリムを縫い合わせる（図参照）

1

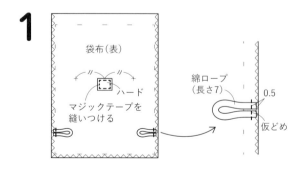

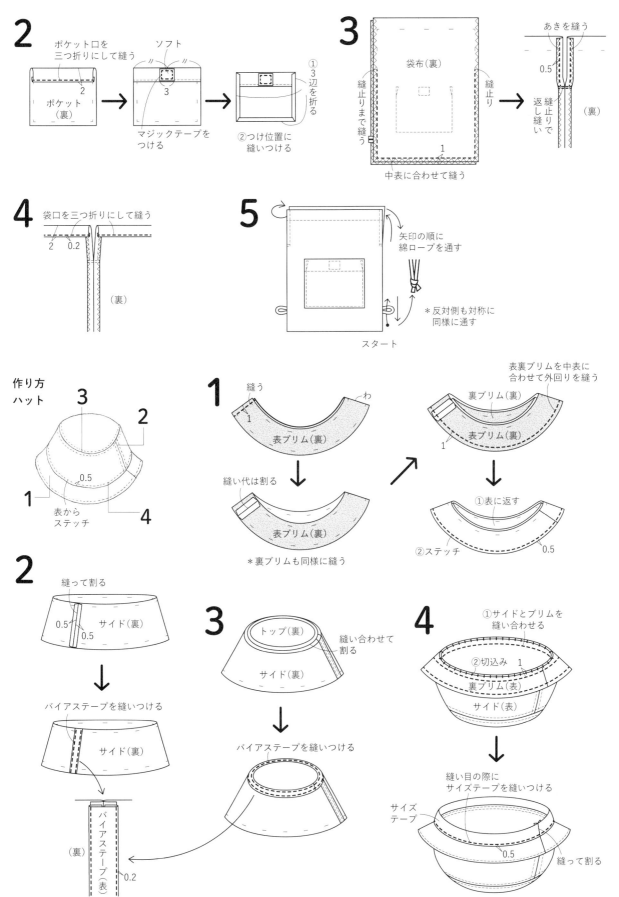

2

ポケット口を
三つ折りにして縫う

ソフト

①3辺を折る

ポケット（裏）

2

マジックテープをつける

②つけ位置に縫いつける

3

袋布（裏）

縫止りまで縫う

縫止り

縫止り

1

中表に合わせて縫う

あきを縫う

0.5

返し縫いで
縫止りまで
縫う

（裏）

4

袋口を三つ折りにして縫う

2　0.2

（裏）

5

矢印の順に
綿ロープを通す

スタート

＊反対側も対称に
同様に通す

作り方
ハット

3

2

0.5

1

4

表から
ステッチ

1

縫う

1

わ

表ブリム（裏）

縫い代は割る

表ブリム（裏）

＊裏ブリムも同様に縫う

表裏ブリムを中表に
合わせて外回りを縫う

裏ブリム（裏）

1

表ブリム（裏）

①表に返す

②ステッチ

0.5

2

縫って割る

0.5
0.5

サイド（裏）

バイアステープを縫いつける

サイド（裏）

バイアステープ（表）

（裏）

0.2

3

トップ（裏）

縫い合わせて
割る

サイド（裏）

バイアステープを縫いつける

4

①サイドとブリムを
縫い合わせる

②切込み　1

裏ブリム（表）

サイド（表）

縫い目の際に
サイズテープを縫いつける

サイズ
テープ

0.5

縫って割る

37 長袖スモックと バルーンパンツ
〈75、80、90サイズ〉 p.20

38 半袖スモックと バルーンパンツ
〈75、80、90サイズ〉 p.20

実物大パターン **C面**
＊文中、図中の3つ並んだ数字は、
　75、80、90サイズ。1つは共通

［出来上り寸法］
スモック
バスト…80、82、86cm　着丈…約29、30.5、33cm
バルーンパンツ
ヒップ…71、73、77cm　パンツ丈…23.5、24、25cm
［材料］
布a［オーガニックコットン］…114cm幅50cm（長袖スモック分）
布b［オーガニックコットン］…114cm幅80cm（長袖スモック分）
布c［オーガニックコットン］…114cm幅60cm（半袖スモック分）
布d［オーガニックコットン］…114cm幅70cm（半袖スモック分）
ゴムテープ…8コールを70、70、80cm
　　　　　（長袖スモック分・重なり分2cm含む）
　　　　　8コールを70、80、80cm
　　　　　（半袖スモック分・重なり分2cm含む）

裁合せ図

37

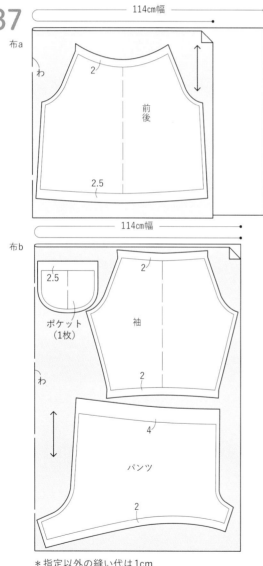

＊指定以外の縫い代は1cm

38

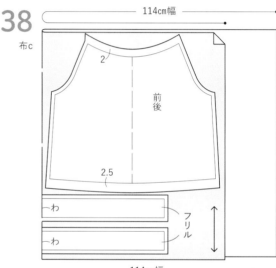

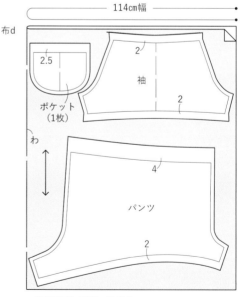

＊指定以外の縫い代は1cm

製図

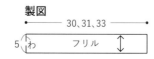

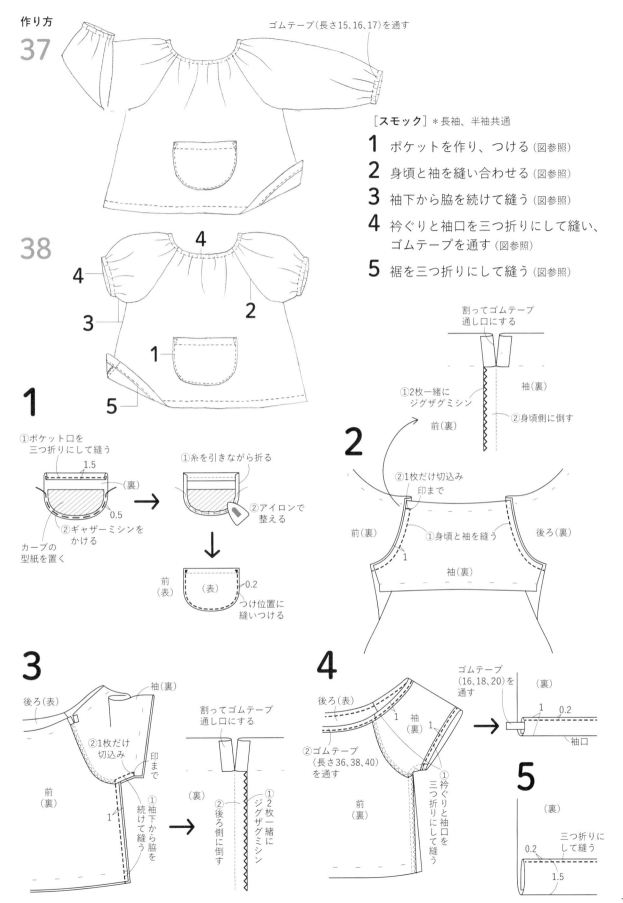

作り方
37

ゴムテープ（長さ15、16、17）を通す

38

4
4
3
2
1
5

1

[スモック] ＊長袖、半袖共通

1 ポケットを作り、つける（図参照）

2 身頃と袖を縫い合わせる（図参照）

3 袖下から脇を続けて縫う（図参照）

4 衿ぐりと袖口を三つ折りにして縫い、ゴムテープを通す（図参照）

5 裾を三つ折りにして縫う（図参照）

1

①ポケット口を三つ折りにして縫う
1.5
（裏）
0.5
②ギャザーミシンをかける
カーブの型紙を置く

①糸を引きながら折る
②アイロンで整える

前（表）
（表）
0.2
つけ位置に縫いつける

2

割ってゴムテープ通し口にする
①2枚一緒にジグザグミシン
②身頃側に倒す
前（裏）
袖（裏）

②1枚だけ切込み印まで
前（裏）
①身頃と袖を縫う
後ろ（裏）
袖（裏）
1

3

後ろ（表）
袖（裏）
②1枚だけ切込み
印まで
①袖下から脇を続けて縫う
前（裏）
1

割ってゴムテープ通し口にする
（裏）
①2枚一緒にジグザグミシン
②後ろ側に倒す

4

後ろ（表）
1
袖（裏）
1
②ゴムテープ（長さ36、38、40）を通す
前（裏）
①衿ぐりと袖口を三つ折りにして縫う

ゴムテープ（16、18、20）を通す
（裏）
1　0.2
袖口

5

（裏）
三つ折りにして縫う
0.2
1.5

33,37,38

バルーンパンツ〈75、80、90サイズ〉
p.**19,20**

実物大パターン　**C面**
＊文中、図中の3つ並んだ数字は、
　75、80、90サイズ。1つは共通

[出来上り寸法]
ヒップ…71、73、77cm　パンツ丈…23.5、24、25cm
[材料]
布[33はデニム刺繍地]…114cm幅50cm
　＊37、38はp.70参照
ゴムテープ
　…8コールを130、140、150cm（重なり分2cm含む）

＊作り方はp.32参照
38のみ、フリルを作って9のあとでつける
（図参照）

作り方
33,37

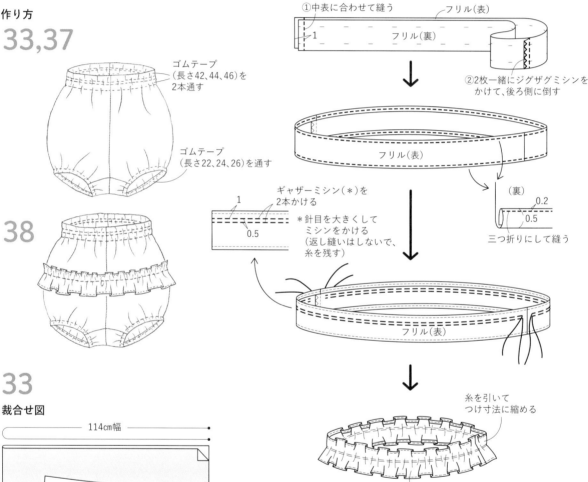

ゴムテープ
（長さ42、44、46）を
2本通す

ゴムテープ
（長さ22、24、26）を通す

38

ギャザーミシン（＊）を
2本かける

＊針目を大きくして
ミシンをかける
（返し縫いはしないで、
糸を残す）

1
0.5

①中表に合わせて縫う　フリル（表）
フリル（裏）
1

②2枚一緒にジグザグミシンを
かけて、後ろ側に倒す

フリル（表）

（裏）
0.2
0.5
三つ折りにして縫う

フリル（表）

糸を引いて
つけ寸法に縮める

フリル（表）

パンツ（表）
つけ位置に縫いつける

フリル（表）

＊ギャザーミシン2本の間を縫う

33
裁合せ図

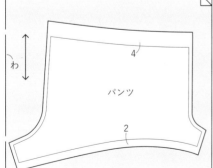

114cm幅

わ

4

パンツ

2

＊指定以外の縫い代は1cm

47,48 スリーパー

〈50〜75サイズくらい〉
p.26

実物大パターン　D面

［出来上り寸法］
86×93cm（頭から足先まで）
［材料］
布［両面起毛フリース］…145cm幅130cm
マジックテープ…2.5cm幅5cm
フェルト…白を10×5cm、黒を5×5cm（48のみ）
25番刺繍糸…少々（48のみ）

1 フードの顔口、前端を二つ折りにして
　　ジグザグミシン（図参照）

2 後ろとフード、前を中表に合わせて
　　周囲を縫う（図参照）。
　　48のみ、耳を作ってはさむ（p.45-1参照）

3 マジックテープをつける

4 48のみアップリケをする（図参照）

裁合せ図

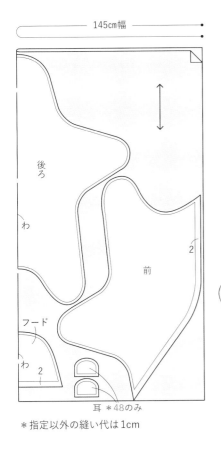

145cm幅

後ろ
わ
前
2
フード
わ
2
耳　＊48のみ

＊指定以外の縫い代は1cm

作り方

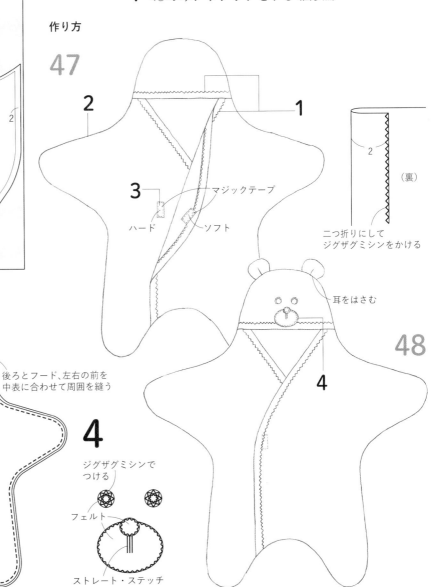

47

2
1
3
ハード　マジックテープ　ソフト

2
（裏）
二つ折りにして
ジグザグミシンをかける

2
フード
（裏）
後ろ
（表）
1
前
（裏）
前
（裏）
後ろとフード、左右の前を
中表に合わせて周囲を縫う

4
ジグザグミシンで
つける
フェルト
ストレート・ステッチ

耳をはさむ
48
4

73

41-a, 41-b

カバーオール〈80、90サイズ〉
p.21

実物大パターン　C面
＊文中、図中の2つ並んだ数字は80、90サイズ。
　1つは共通

［出来上り寸法］
バスト…82、86cm　着丈…68、74cm
［材料］
布［ナイロン地］…116cm幅150cm
バイアステープ…12.7mm幅70cm
ゴムテープ…8コールを40cm（衿ぐり分。重なり分2cm含む）
　　　　　　1cm幅30cm（袖口分。重なり分2cm含む）
　　　　　　1cm幅40cm（裾分）
テープスナップ…2cm幅100、120cm

1 前中心を縫い、縫い代は左側に倒す（図参照）

2 後ろ中心を縫い、縫い代は左側に倒す

3 肩を縫い、縫い代は後ろ側に倒す（図参照）

4 袖下から脇を縫い、縫い代は後ろ側に倒す（図参照）

5 衿ぐりをバイアステープで始末し（図参照）、ゴムテープを通す

6 袖口を三つ折りにして縫い、ゴムテープを通す（図参照）

7 裾を三つ折りにして縫い、ゴムテープを通す（図参照）

8 テープスナップをつける（p.30参照）

裁合せ図

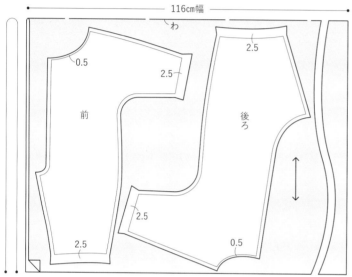

＊指定以外の縫い代は1cm

作り方

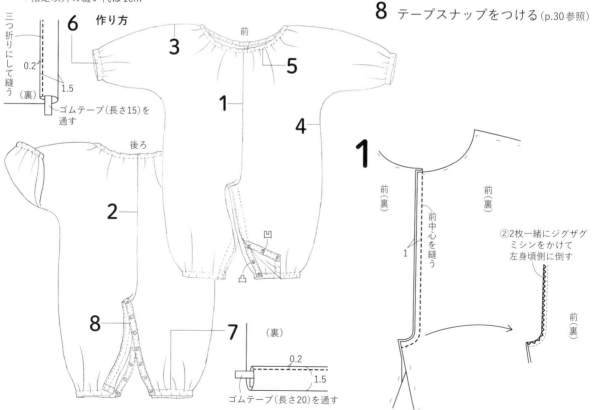

74

3, 4

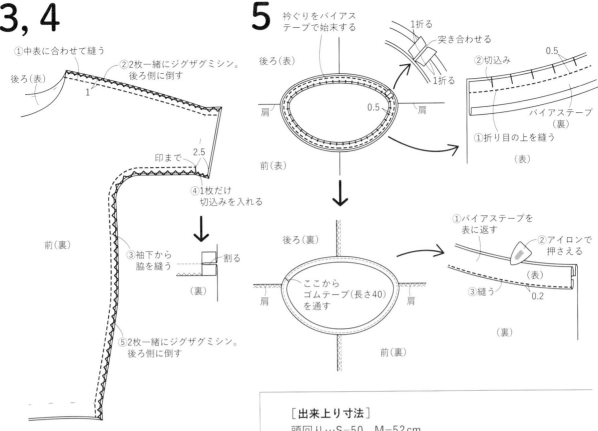

①中表に合わせて縫う

後ろ（表）

②2枚一緒にジグザグミシン。
後ろ側に倒す

1

前（裏）

印まで 2.5

④1枚だけ
切込みを入れる

割る

（裏）

③袖下から
脇を縫う

（裏）

⑤2枚一緒にジグザグミシン。
後ろ側に倒す

5

衿ぐりをバイアス
テープで始末する

後ろ（表）

1折る

突き合わせる

肩 0.5 肩

1折る

②切込み

0.5

バイアステープ
（裏）

①折り目の上を縫う

（表）

前（表）

後ろ（裏）

ここから
ゴムテープ（長さ40）
を通す

肩 肩

前（裏）

①バイアステープを
表に返す

②アイロンで
押さえる

（表）

③縫う 0.2

（裏）

29,40　ハット〈S、M〉p.18,21

実物大パターン　C面

＊文中、図中の2つ並んだ数字はS、M。
　1つは共通

［出来上り寸法］
頭回り…S=50、M=52cm
［材料］
布［ 29 はリバティプリント］…110cm幅30cm
　　［ 40 はナイロン地］…116cm幅30cm
ゴムテープ…8コールを15cm
サイズテープ（またはグログランリボン）…2.5cm幅60cm
バイアステープ…12.7mm幅60cm

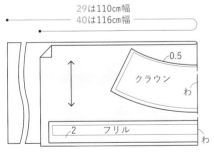

29は110cm幅
40は116cm幅

0.5

クラウン
わ

2 フリル わ

＊指定以外の縫い代は1cm

1 クラウンの後ろ中心を縫う（図参照）

2 フリルを作り（p.72参照）、
　　クラウンにつける（図参照）

3 クラウンの上側をバイアステープで
　　始末し、ゴムテープを通して結ぶ。
　　サイズテープをつける（図参照）

作り方

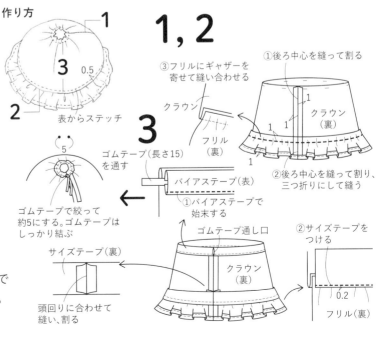

1

3 0.5

2

表からステッチ

5

ゴムテープ（長さ15）
を通す

ゴムテープで絞って
約5にする。ゴムテープは
しっかり結ぶ

1, 2

③フリルにギャザーを
寄せて縫い合わせる

クラウン

フリル
（裏）

バイアステープ（表）

①バイアステープで
始末する

①後ろ中心を縫って割る

1

クラウン
（裏）

1 1

②後ろ中心を縫って割り、
三つ折りにして縫う

ゴムテープ通し口

サイズテープ（裏）

クラウン
（裏）

頭回りに合わせて
縫い、割る

②サイズテープを
つける

0.2

フリル（裏）

75

42-a, 42-b

ワンピース〈75、80、90サイズ〉
p.22,23

実物大パターン　**D面**

＊文中、図中の3つ並んだ数字は75、80、90サイズ。
　1つは共通

［出来上り寸法］
バスト…47、49、53cm　着丈…43.5、46.5、51.5cm
［材料］
布［42-aはリバティプリント］…110cm幅130cm
　　［42-bはオーガニックストライプブロード］
　　　…114cm幅130cm
接着芯…30×30cm
ボタン…直径1.3cmを2個
ゴムテープ…8コールを40cm（重なり分2cm含む）

裁合せ図

42-aは110cm幅、42-bは114cm幅

バイアス布（1枚）

0.5

0.5

0.5

衿

衿

2　後ろ

0.5

前（1枚）

2　約36

袖

2

2

＊指定以外の縫い代は1cm

＊ ▨ ＝接着芯

＊ 〰〰〰 ＝ジグザグミシン

1.5

布ループ

10

前スカート

わ

2.5

2

あき止り

1

後ろスカート

2.5

2.5

作り方

8　1　2

前

3

7

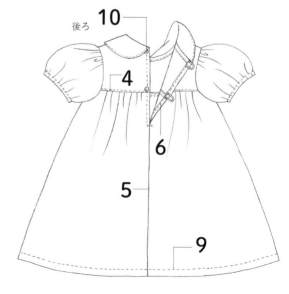

後ろ　10

4

6

5

9

1 肩を縫い、縫い代は後ろ側に倒す（p.79-2参照）

2 衿を作ってつけ、衿ぐりをバイアス布で始末する（図参照）

3 前スカートにギャザーを寄せて身頃と縫い合わせる（p.79-4参照）

4 後ろスカートにギャザーを寄せて身頃と縫い合わせる（p.79-4参照）

5 後ろ中心をあき止りまで縫い、縫い代は割る

6 布ループを作り、布ループをはさんであきを三つ折りにして縫う（図参照）

7 スカートの脇を縫い、縫い代は後ろ側に倒す

8 袖を作り、袖口にゴムテープを通す。身頃につける（図参照）

9 裾を三つ折りにして縫う（図参照）

10 ボタンをつける

6 布ループの作り方

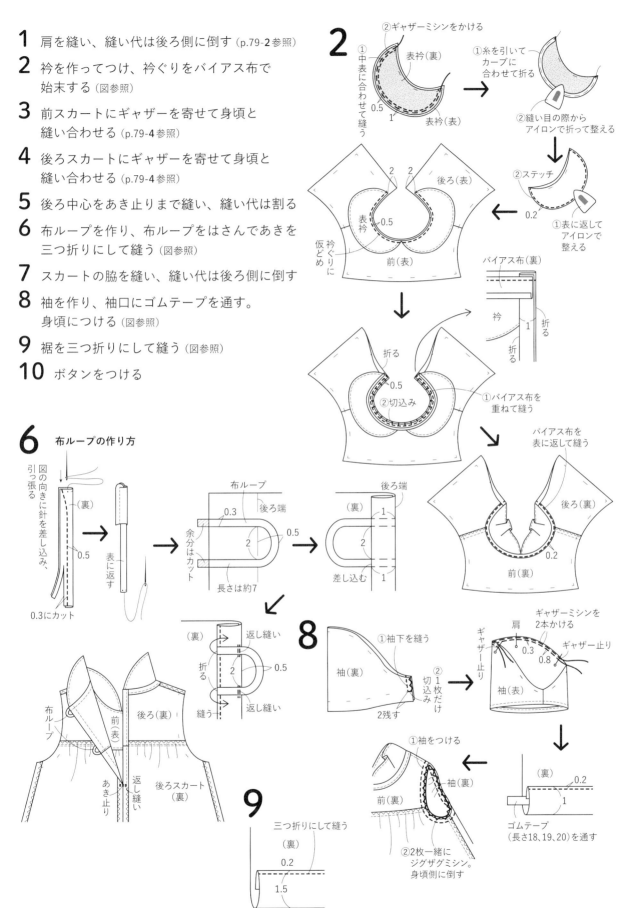

43-a, 43-b

エプロン〈75、80、90サイズ〉
p.24

実物大パターン **D面**

＊文中、図中の3つ並んだ数字は75、80、90サイズ。
1つは共通

[出来上り寸法]
バスト…47、49、53cm　着丈…38.5、41.5、46.5cm
[材料]
布[綿タイプライター]…116cm幅100cm
レース…2cm幅60cm

裁合せ図

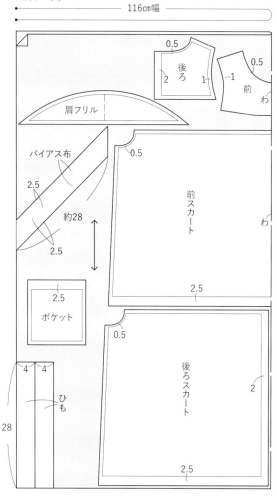

＊指定以外の縫い代は1cm

作り方

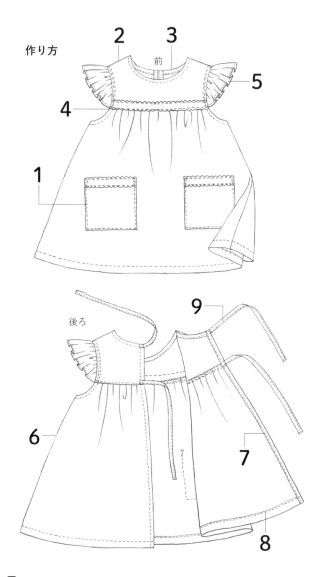

1 ポケットを作り、つける（図参照）

2 肩を縫い、縫い代は後ろ側に倒す（図参照）

3 衿ぐりをバイアス布で始末する（p.75-5参照）

4 前スカートにギャザーを寄せて身頃と
縫い合わせる（図参照）。後ろも同様に縫う。
前のみ切替えにレースをつける

5 肩フリルを作り、つける（図参照）

6 脇を縫い、縫い代は後ろ側に倒す（図参照）

7 後ろ端を三つ折りにして縫う（図参照）

8 裾を三つ折りにして縫う（図参照）

9 ひもを作り、つける（図参照）

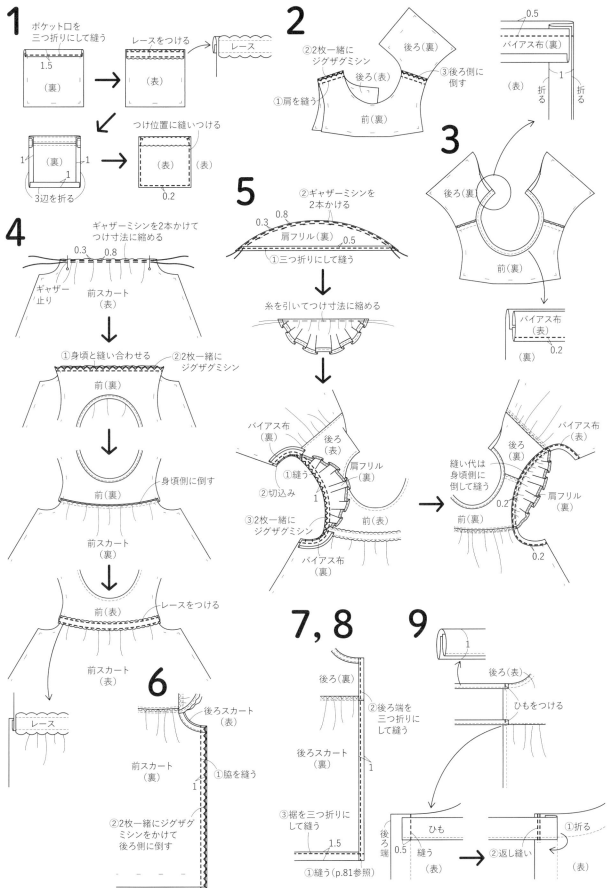

1

ポケット口を
三つ折りにして縫う
1.5
（裏）

レースをつける
（表）

レース

つけ位置に縫いつける
（表）　（表）
0.2

1　（裏）　1
1
3辺を折る

2

②2枚一緒に
ジグザグミシン
①肩を縫う
後ろ（裏）
後ろ（表）
③後ろ側に
倒す
前（裏）

0.5
バイアス布（裏）
（表）
折る　1　折る

3

後ろ（裏）
前（裏）

バイアス布
（表）
（裏）
0.2

4

ギャザーミシンを2本かけて
つけ寸法に縮める
0.3　0.8
ギャザー
止り
前スカート
（表）

①身頃と縫い合わせる　②2枚一緒に
ジグザグミシン
前（裏）

前（裏）
身頃側に倒す

前スカート
（裏）

前（表）
レースをつける

前スカート
（表）

レース

5

②ギャザーミシンを
2本かける
0.8
0.3
肩フリル（裏）　0.5
①三つ折りにして縫う

糸を引いてつけ寸法に縮める

バイアス布
（裏）
後ろ
（表）
①縫う
②切込み　1
肩フリル
（裏）
③2枚一緒に
ジグザグミシン
前（表）
バイアス布
（裏）

バイアス布
（裏）
後ろ
（裏）
縫い代は
身頃側に
倒して縫う
0.2
肩フリル
（裏）
前（裏）
0.2

6

後ろスカート
（表）
①脇を縫う
前スカート
（裏）
1
②2枚一緒にジグザグ
ミシンをかけて
後ろ側に倒す

7, 8

後ろ（裏）
②後ろ端を
三つ折り
にして縫う
後ろスカート
（裏）
1
③裾を三つ折り
にして縫う
1.5
①縫う（p.81参照）

9

1
後ろ（表）
ひもをつける

後ろ
端
ひも
0.5
縫う
（表）
①折る
②返し縫い
（表）

44

半袖シャツ 〈75、80、90サイズ〉
p.25

実物大パターン　**D面**

＊文中、図中の3つ並んだ数字は75、80、90サイズ。
　1つは共通

［出来上り寸法］
バスト…66、68、72cm　着丈…31.5、33、36cm
［材料］
布［綿ヘビーオックス］…110cm幅70cm
接着芯…10×40cm
ボタン…直径1.3cmを5個

裁合せ図

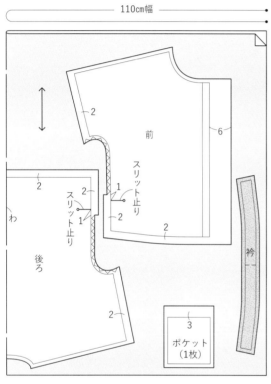

110cm幅

前
後ろ
衿
ポケット
（1枚）
わ
スリット止り
スリット止り

＊指定以外の縫い代は1cm
＊ ▨ ＝接着芯
＊ ～～～ ＝ジグザグミシン

1 ポケットを作り、左前につける （p.79-1参照）

2 前端を三つ折りにして縫う （図参照）

3 肩を縫い、縫い代は後ろ側に倒す （p.79-2参照）

4 衿を作り、つける （図参照）

5 スリットを残して袖下から脇を縫う

6 スリットを三つ折りにして縫う （図参照）

7 袖口を三つ折りにして縫う （図参照）

8 裾を三つ折りにして縫う

9 ボタンホールを作り、ボタンをつける

作り方

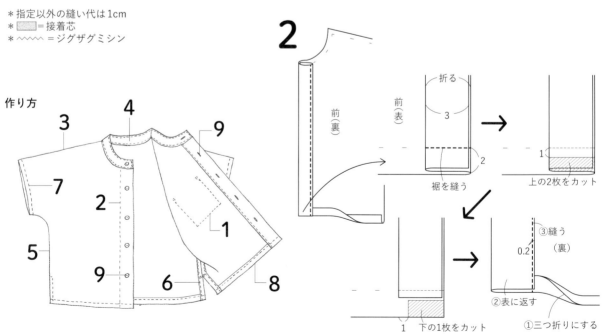

2

前（裏）
前（表）
折る
裾を縫う
上の2枚をカット
下の1枚をカット
①三つ折りにする
②表に返す
③縫う（裏）
0.2

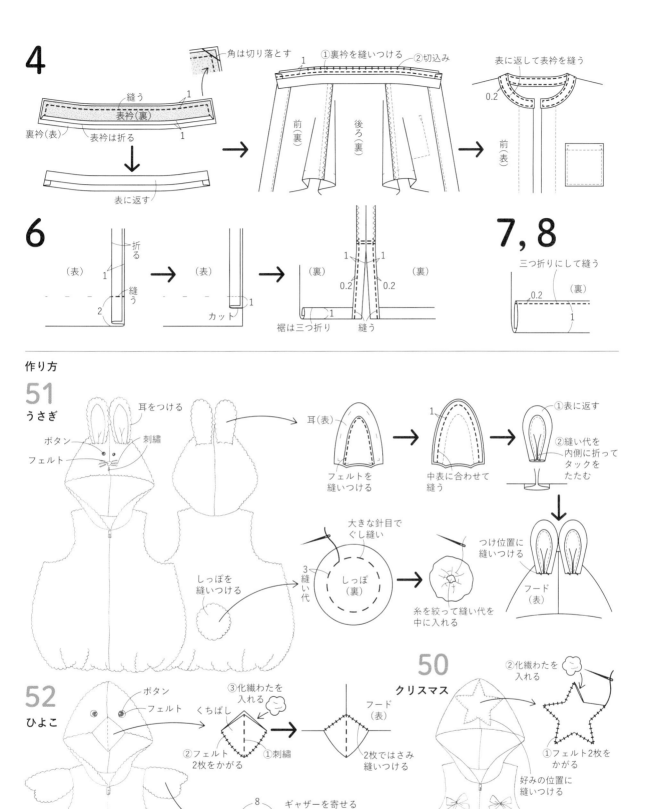

4

角は切り落とす

縫う
表衿（裏）
裏衿（表）　表衿は折る
1
1

表に返す

①裏衿を縫いつける　　②切込み
1
前（裏）　　後ろ（裏）

表に返して表衿を縫う
0.2
前（表）

6

（表）
折る
1
縫う
2

（表）
カット
1

（裏）　　　　（裏）
1　　1
0.2　0.2
裾は三つ折り　　縫う
1

7, 8

三つ折りにして縫う
0.2
（裏）
1

作り方

51
うさぎ

耳をつける
ボタン
刺繍
フェルト

耳（表）
フェルトを縫いつける

1
中表に合わせて縫う

①表に返す
②縫い代を内側に折ってタックをたたむ

しっぽを縫いつける

大きな針目でぐし縫い
3　縫い代
しっぽ（裏）

糸を絞って縫い代を中に入れる

つけ位置に縫いつける
フード（表）

52
ひよこ

ボタン
フェルト

③化繊わたを入れる
くちばし
②フェルト2枚をかがる　①刺繍

フード（表）
2枚ではさみ縫いつける

8
ギャザーを寄せる
羽（表）

＊うさぎの耳参照

肩　　袖ぐり
袖ぐりにかがって縫いつける

50
クリスマス

②化繊わたを入れる
①フェルト2枚をかがる

好みの位置に縫いつける

リボン飾りをランダムに縫いつける

45 ハーフパンツ
〈75、80、90サイズ〉
p.25

46 パンツ
〈75、80、90サイズ〉
p.25

実物大パターン　**C面**

＊文中、図中の3つ並んだ数字は75、80、90サイズ。
　1つは共通

［**出来上り寸法**］

ヒップ…62、66、70cm

パンツ丈…45は24、26、30cm
　　　　　46は43、46、53cm

［**材料**］

布［45は綿ヘビーオックス］…112cm幅40cm
　　［46はデニム］…112cm幅70cm

ゴムテープ…8コールを100cm（重なり分2cm含む）

裁合せ図

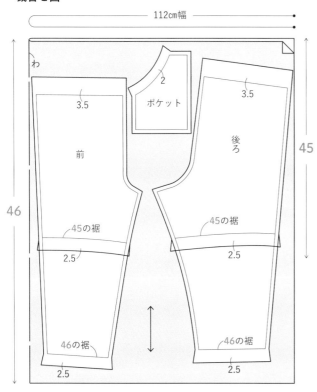

＊指定以外の縫い代は1cm

＊ハーフパンツ、パンツ共通

1 ポケットを作り、つける（図参照）

2 脇を縫い、縫い代は後ろ側に倒す（図参照）

3 前後の股上を縫う（図参照）

4 股下を縫い、縫い代は後ろ側に倒す
　　（図参照）

5 ウエストを三つ折りにして縫い、
　　ゴムテープを通す（図参照）

6 裾を三つ折りにして縫う（図参照）

作り方

45

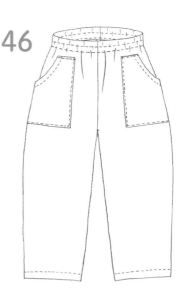

46

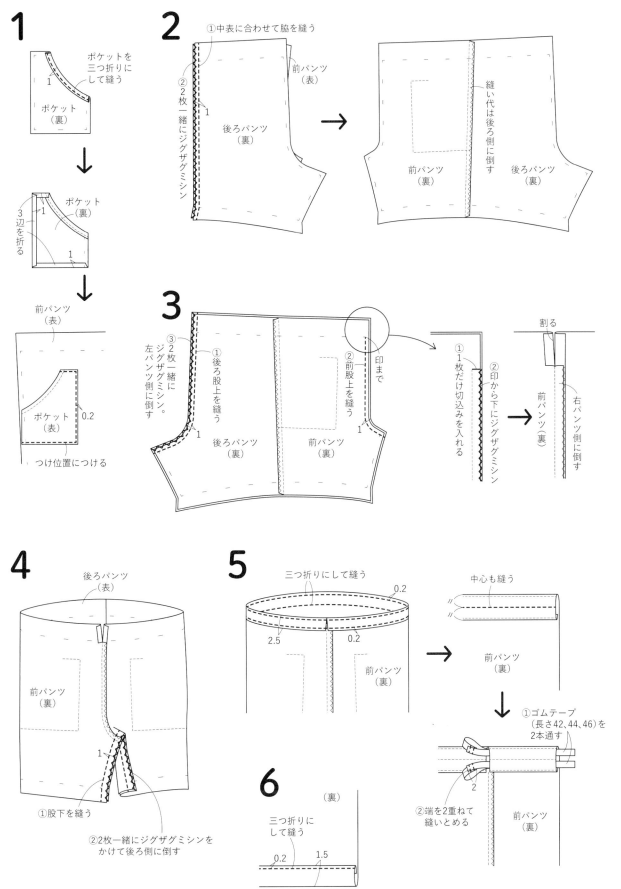

1

ポケットを
三つ折りに
して縫う

ポケット
（裏）

1

3辺を折る

ポケット
（裏）

1

1

前パンツ
（表）

ポケット
（表）

0.2

つけ位置につける

2

①中表に合わせて脇を縫う

前パンツ
（表）

②2枚一緒にジグザグミシン

後ろパンツ
（裏）

1

縫い代は後ろ側に倒す

前パンツ
（裏）

後ろパンツ
（裏）

3

③2枚一緒にジグザグミシン。左パンツ側に倒す

①後ろ股上を縫う

後ろパンツ
（裏）

②前股上を縫う

前パンツ
（裏）

印まで

1

1

①1枚だけ切込みを入れる

②印から下にジグザグミシン

割る

前パンツ（裏）

右パンツ側に倒す

4

後ろパンツ
（表）

前パンツ
（裏）

1

①股下を縫う

②2枚一緒にジグザグミシンをかけて後ろ側に倒す

5

三つ折りにして縫う

0.2

2.5

0.2

前パンツ
（裏）

中心も縫う

前パンツ
（裏）

①ゴムテープ
（長さ42、44、46）を
2本通す

2

②端を2重ねて
縫いとめる

前パンツ
（裏）

6

（裏）

三つ折りに
して縫う

0.2   1.5

49 ハロウィンのベスト

50 クリスマスのベスト

51 うさぎのベスト

52 ひよこのベスト
〈80、90サイズ〉
p.27

実物大パターン　D面

＊文中、図中の2つ並んだ数字は80、90サイズ。
　1つは共通

裁合せ図

表布

158cm幅

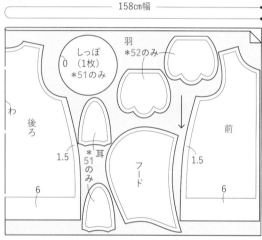

しっぽ（1枚）＊51のみ

羽 ＊52のみ

わ

後ろ

耳 ＊51のみ

フード

前

1.5

1.5

6

6

裏布

94cm幅

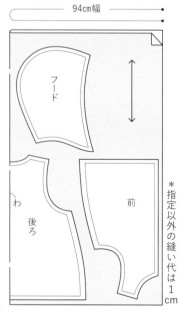

フード

わ

後ろ

前

＊指定以外の縫い代は1cm

［出来上り寸法］
バスト…72、76cm　着丈…45、49cm

［材料］
表布［49、50はフリース、51、52はボア］
　…158cm幅60cm
裏布［シーチング］…94cm幅80cm
ビスロンファスナー…49は16cm、50、51、52は30cm
ゴムテープ（＊50はなし）
　…2.5cm幅60cm（重なり分2cm含む）

［トッピング］
49ハロウィン…黒の接着フェルト20×15cm
50クリスマス…黄色のフェルト20×20cm2枚、
　化繊わた少々、リボン飾り適宜
51うさぎ…ピンクのフェルト15×15cm、
　白のフェルト5×5cm、直径9mmの足つきボタン2個、
　25番刺繍糸適宜
52ひよこ…黄色のフェルト20×20cm、化繊わた少々、
　白のフェルト5×5cm、直径12mmの足つきボタン2個、
　25番刺繍糸適宜

作り方

49 ハロウィン

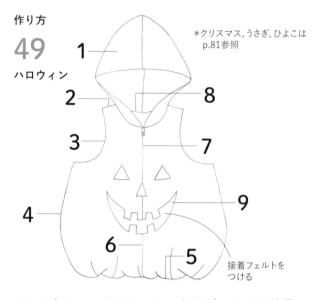

＊クリスマス、うさぎ、ひよこは
p.81参照

1　2　8　3　7　4　9　6　5

接着フェルトをつける

＊ハロウィン、クリスマス、うさぎ、ひよこ共通

1 フードを作る（図参照）

2 表裏布の肩を縫い、縫い代は割る（図参照）

3 表裏布を中表に合わせて袖ぐりを縫う（図参照）

4 表裏布の脇を続けて縫い、縫い代は割る（図参照）

5 表裏布を中表に合わせて裾を縫う（図参照）

6 表裏布とも前中心をファスナー止りまで縫い、
ゴムテープを通す（図参照）

7 ファスナーをつける（図参照）

8 フードをつける（図参照）

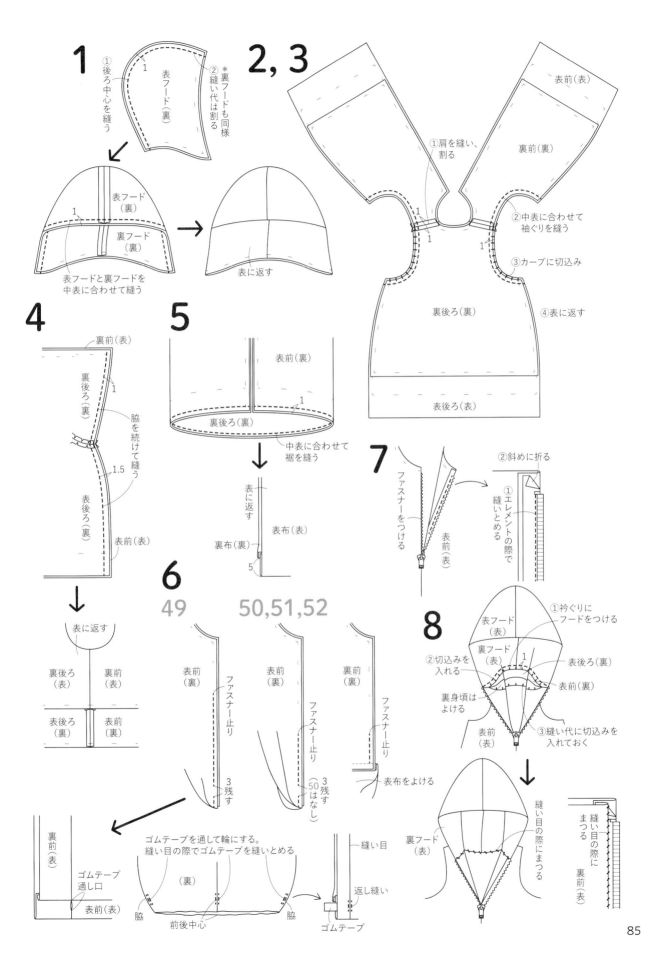

1

①後ろ中心を縫う

表フード（裏）

②縫い代は割る

＊裏フードも同様

表フード（裏）
裏フード（裏）

1

表フードと裏フードを
中表に合わせて縫う

表に返す

2, 3

表前（表）

裏前（裏）

①肩を縫い、割る

②中表に合わせて
袖ぐりを縫う

③カーブに切込み

1

裏後ろ（裏）

④表に返す

表後ろ（表）

4

裏前（表）

裏後ろ（裏）

1

脇を続けて縫う

1.5

表後ろ（裏）

表前（表）

表に返す

裏後ろ（表）　裏前（表）

表後ろ（表）　表前（裏）

5

表前（裏）

裏後ろ（裏）

1

中表に合わせて
裾を縫う

表に返す

裏布（裏）

表布（表）

5

6

49

50,51,52

表前（裏）

ファスナー止り

ファスナー

3残す

表前（裏）

ファスナー止り

ファスナー

3残す
（50はなし）

裏前（裏）

ファスナー止り

ファスナー

表布をよける

裏前（表）

ゴムテープ
通し口

表前（表）

ゴムテープを通して輪にする。
縫い目の際でゴムテープを縫いとめる

（裏）

脇　　前後中心　　脇

縫い目

返し縫い

ゴムテープ

7

ファスナーをつける

表前（表）

②斜めに折る

①エレメントの際で
縫いとめる

8

表フード（表）

①衿ぐりに
フードをつける

②切込みを
入れる

裏フード（表）

1

表後ろ（裏）

表前（裏）

裏身頃は
よける

表前（表）

③縫い代に切込みを
入れておく

裏フード（表）

縫い目の際にまつる

縫い目の際に
まつる

裏前（表）

85

53,54,55
お食事エプロン

53〈80、90サイズ〉、54,55〈80、90サイズ〉

p.28

実物大パターン　**D面**

＊文中、図中の2つ並んだ数字は80、90サイズ。
　1つは共通

［出来上り寸法］
53のバスト…60、64cm
54、55…前中心の長さ25.5cm
［材料］
53
布［ビニールコーティング］…110cm幅60cm
ゴムテープ…8コールを30cm（重なり分2cm含む）
マジックテープ…2.5cm幅10cm
バイアステープ…18mm幅170cm
54
布［ビニールコーティング］…30×50cm
マジックテープ…2.5cm幅10cm
バイアステープ…18mm幅150cm
55
布［ビニールコーティング］…30×40cm
マジックテープ…2.5cm幅10cm
バイアステープ…18mm幅140cm

裁合せ図
53

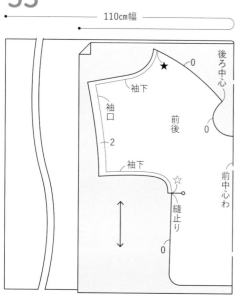

＊指定以外の縫い代は1cm

54

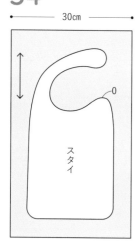

55

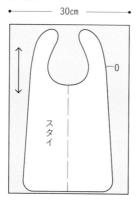

53

1 後ろ端をバイアステープでくるむ
（図参照）

2 前の縫止り（☆）～縫止り（☆）を
バイアステープでくるむ（図参照）

3 ☆と★を合わせて袖下を縫う（図参照）

4 袖口を二つ折りにして縫い、
ゴムテープを通す（図参照）

5 衿ぐりをバイアステープでくるみ、
そのままのばしてひもにする（図参照）

6 マジックテープをつける

54,55

1 周囲をバイアステープでくるむ
（図参照）

2 マジックテープをつける

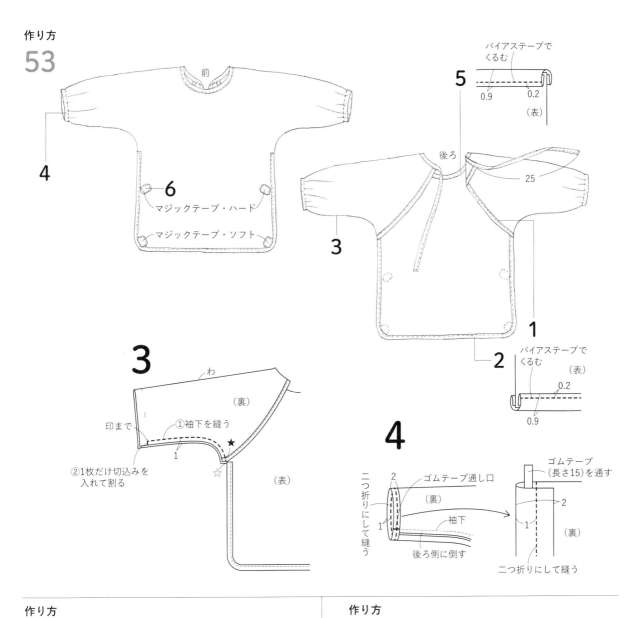

前

バイアステープで
くるむ

5

0.9　0.2

（表）

後ろ

25

3

マジックテープ・ハード

マジックテープ・ソフト

6

4

1

2

バイアステープで
くるむ

（表）

0.2

0.9

3

わ

（裏）

①袖下を縫う

印まで

1

②1枚だけ切込みを
　入れて割る

★

☆

（表）

4

二つ折りにして縫う

2

ゴムテープ通し口

（裏）

袖下

1

後ろ側に倒す

ゴムテープ
（長さ15）を通す

2

1

（裏）

二つ折りにして縫う

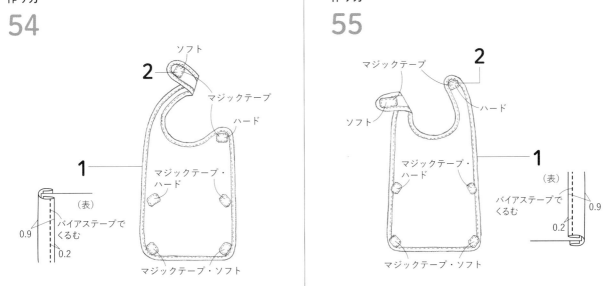

ソフト

2

マジックテープ

ハード

1

マジックテープ・
ハード

（表）

0.9

バイアステープで
くるむ

0.2

マジックテープ・ソフト

マジックテープ

2

ソフト

ハード

マジックテープ・
ハード

1

（表）

バイアステープで
くるむ

0.9

0.2

マジックテープ・ソフト

月居良子 つきおりよしこ

デザイナー。「シンプルなのに着ると立体的で美しい」と日本はもちろんフランスや北欧にも広くファンがいて人気を得ている。主な著書に『月居良子の いくつになっても着たい服』『月居良子の ぽっちゃりさんも いろいろ気にせず着たい服』『月居良子の 一年中のトップス＆ワンピース』『月居良子の 一年中のパンツ＆スカート』『おんなのこのよそいきドレス』『フォーマル＆リトルブラックドレス』『愛情いっぱい 手作りの赤ちゃん服』『愛しのベビーウェア』『手作りドレスでウェディング』（すべて文化出版局刊）などがある。

ブックデザイン	渡部浩美
撮影	滝沢育絵
スタイリング	南雲久美子
モデル	かんべ はるひ（生後5か月）
	いのう えま（1歳7か月）
	きだ なつみ（2歳6か月）
撮影（目次、布見本、p.29〜32）	安田如水（文化出版局）
製作協力	湯本美江子　組谷慶子
トレース	八文字則子
パターングレーディング	上野和博
作り方元図	堀江友惠
校閲	向井雅子
編集	堀江友惠
	大沢洋子（文化出版局）

ハッピー ベビーウェア
新生児から2歳までのワードローブ＆グッズ55

2024年　3月　30日　第1刷発行

著　者　　月居良子
発行者　　清木孝悦
発行所　　学校法人文化学園　文化出版局
　　　　　〒151-8524　東京都渋谷区代々木3-22-1
　　　　　☎ 03-3299-2489（編集）
　　　　　☎ 03-3299-2540（営業）
印刷・製本所　　株式会社文化カラー印刷

文化出版局のホームページ　https://books.bunka.ac.jp/

布提供

清原
https://www.kiyohara.co.jp/store/　TEL 03-5412-1844
4, 9, 32, 33, 36の布
2, 5, 6, 9, 11, 13, 14, 18, 19, 21, 23, 24, 28, 30のプラスナップ
18, 21, 34, 41-a, bのテープスナップ

fabric-store
https://www.fabric-store.jp/
15-b, 16-b, 17-b, 30, 31, 37, 38, 42-b, 43-a, 43-b, 44, 45の布

ユザワヤ
https://www.yuzawaya.shop/　TEL 03-3735-4141
5, 7, 28, 29, 39, 40, 41-a, 41-b, 42-a, 47, 48, 53, 54, 55の布
11のチロリアンテープ

＊この本で使用した布は、「ノンホルマリンの管理外」です。
　詳細は p.33をご覧ください。

撮影協力

カーテン・じゅうたん王国
https://www.oukoku.co.jp/　TEL 03-5649-3576
（p.1、4、5、14のピンクのカーペット、p.11の黄色のカーペット）

清原
https://www.kiyohara.co.jp/store/　TEL 03-5412-1844
（p.29の「卓上プレス」、プラスナップ、プラスナップスリム、スナップパッキン、p.30のテープスナップ）

クロバー
https://clover.co.jp/　TEL 06-6928-2277（お客様係）
（p.29の目打ち、まち針、p.30の刺しゅう針、p.32の裁ちばさみ）

DRESCCO
https://drescco.com/　info@drescco.com
（p.24の白いストラップシューズ）

PEEP ZOOM
http://peep.co.jp/　TEL 078-361-3516
（p.27の白黒ボーダー、グリーン、ピンクの長靴）